돈 퍼주는 꼰대 의사의
#라떼는 말이야

꿈이 밥
먹여준다니까!

꿈이 밥
먹여준다니까!

펴낸날 초판 2쇄 2022년 2월 15일

지은이 양형규

펴낸이 양형규
책임 편집 장문정
정리 방미희
디자인 정윤경
제작처 상식문화

펴낸 곳 양병원 출판부
출판등록 제13호(윤) 1997년 4월 14일
주소 서울시 강동구 진황도로 128, 2층
전화 02-480-8014
팩스 02-480-8209
E-MAIl yanghs@yangh.co.kr
홈페이지 www.yangh.co.kr

ⓒ 양형규, 2020

ISBN 978-89-94863-11-5 03320

• 이 도서의 국립중앙도서관 출판예정도서목록(CIP)은 서지정보유통지원시스템 홈페이지(http://seoji.nl.go.kr)와
  국가자료종합목록 구축시스템(http://kolis-net.nl.go.kr)에서 이용하실 수 있습니다. (CIP제어번호 : CIP2020027076)

돈 퍼주는 꼰대 의사의
#라떼는 말이야

꿈이 밥
먹여준다니까!

양형규 지음

YMB

양형규 의학박사의
68년에 이르는 연대표

1953
충남 논산에서 출생

1960
서울 광희초등학교 입학

1966
서울 성동중학교 입학

1969
서울 성동고등학교 입학

1973
연세대학교 의과대학 입학

1981
연세대학교 의과대학 세브란스병원 인턴

1982~1986
연세대학교 의과대학 세브란스병원 전문의(레지던트)

1985
연세대학교 의과대학대학원 의학석사 학위 취득

1986
양외과 개원(구리시)

1988
연세대학교 의과대학대학원 의학박사 학위 취득

1990
양형규의원 신축(구리시)

내과, 외과, 정형외과,
소아과 등 종합진료를 하는
의원으로 포지셔닝

1996
양병원 개원(남양주)

대장항문외과, 외과, 내과, 정형외과, 소아과,
응급실 등 대장항문, 소화기 전문, 건강검진을
전문진료로 하는 중소병원으로 포지셔닝

2005
서울양병원 개원(서울시 강동구)

대장항문외과, 소화기내과, 건강검진을
전문화한 지역 내 특화병원으로 포지셔닝
국내 4대 대장항문병원으로 성장

2013
남양주 검진센터 독립 개원
서울양병원 지속성장 경영 선언

2019
암 수술 후 1개월 환자를 위한 회복병원 건립 계획 수립
'수술 후 1개월, 양 암 회복병원 건립추진기획단' 발족

도전할 때는
나이의 벽을 세우지 마라

요즘은 알파고와 바둑을 둔 한국의 이세돌과 중국의 커제가 유명하지만, 바둑계에서 최초의 타이틀을 휩쓴 명인은 따로 있다. 바로 일본의 조치훈 9단이다. 그는 한 해에만 3개의 타이틀을 따낸 명불허전으로 통한다. 2016년에는 일본 바둑계에서 가장 권위 있는 칭호 중 하나인 '명예 명인'으로 선정된 인물이기도 하다.

그는 바둑을 둘 때 한 수, 한 수 그냥 두지 않는다. 굉장히 저돌적으로 바둑알을 바둑판에 내리꽂듯이 두는데, 그의 기개에서 깊은 감명을 받았다.

"목숨을 걸고 바둑을 둔다!"

조치훈을 검색하면 자동으로 따라올 만큼 유명한 말이다. 1986년 평생의 라이벌이었던 고바야시 고이치 9단과의 대국을 앞두고 조치훈은 교통사고를 당했다. 이 사고로 전신 부상을 입자 의사는 대국에 나갈 수 없다고 통보했다. 한 사람의 제한 시간이 5시간이어서 10시간 이상을 2일에 걸쳐 진행되는 것이 바둑 경기이므로 그의 몸이 버티지 못할 거라는 판단에서였다. 그러나 그는 휠체어를 타고 경기에 나섰다. 비록 아깝게 패했지만 의미 있는 경기를 만들었다. 이 경기는 '휠체어 대국'이라는 이름으로 지금까지 회자되고 있다.

조치훈은 목숨을 걸고 바둑을 둔다고 했다. 나 역시 목숨을 걸고 병원을 운영해왔다. 나뿐만이 아니라 누구나 일생에 한 번은 미쳐야 하는 시간이 있다. 당시는 모르지만 돌이켜 봤을 때 '아, 그때가 미쳐야 하는 시간이었구나!' 하는 때가.

나의 경우 처음 부지를 매입해 병원 건물을 올리던 1988년에서 1990년까지, 남양주에 양병원을 짓던 1995년부터 1996년까지가 그랬다. 마치 20년과 같은 시간이었다. 마음 편히 잠 한 번 자지 못했고, 가족과 따뜻한 시간을 보내지 못했다. 하지만 그 결과 대한민국에서 손꼽히는 대장항문 특화병원이 되었다.

'나는 세계 최고의 양성항문질환 의사가 될 것이다!'라고 하루에도 수십 번 다짐한다. 그리고 주위에도 말한다. 안다. 이러면 열이면 열 속으로 나를 욕하리라는 것을. 하지만 선전 포고는 날 포기하지 않도록 도와주며, 죽도록 힘써 목표를 이루고 싶게 만든다. 그런 힘이 있다. 날 인정해달라는 것이 아니라 앞으로 저 위치에 갈 수 있도록 최선을 다할 테니 지켜봐 달라는 의미다. 나는 우리나라 젊은이들이 이런 배짱, 포부, 선언문을 거침없이 밝혀나가길 바란다. 주위에서 뭐라고 하든 그까짓 것, 해서 보이면 끝이다.

나는 이제부터다

올해로 내 나이 만 66세다. 도전하는 데 전혀 문제가 되지 않는다. 말 그대로 나이는 숫자에 불과할 뿐 꿈을 꾸고 도전하는 한 나는 늙지 않았다고 확신한다. 세계적인 경영학자인 피터 드러커도 자신의 최전성기는 66세에서 86세까지였다고 밝히지 않았는가.

친구들은 내게 이제 그만 인생을 정리해 나가라고 충고하는데, 그럴 때면 나는 "이제 시작이야"라며 맞받아친다. 나는 꿈을 향해 도전하는 것이 삶의 재미인 것을 어쩌겠는가.

"왜 잠도 제대로 못 자며 힘들게 사느냐?"라고 걱정하는 이도 있지만 이것이 내 인생이요, 삶의 방식이며, 나는 그게 불편하지 않고 좋다.

그런데 요즘 주위를 돌아보면 청운의 큰 뜻을 품어야 할 젊은 청춘들이 "한 번뿐인 인생, 즐기자"라며 '욜로(YOLO)'를 부르짖는다. 이런 젊은이들을 보면 안타깝다. 인생을 공부하고 미래를 준비하는 것은 대개 청춘일 때다. 나이 든 나도 아직 꿈을 꾸고 도전하는데 젊은 청춘들이야말로 더 큰 꿈을 갖고 목숨 걸듯 도전해야 하는 것 아닌가!

나는 평생 멈추지 않고 크고 작은 도전을 해왔다.

지금도 "양형규, 이제 새로운 시작이야"라며 매일매일 나 자신을 격려한다. 여러분도 자신의 이름을 앞세워 '이루고 싶은 목표'를 가질 수 있는 주체자로 세워라. 조건반사적으로 "아무개야! 넌 앞으로 네 꿈을 이룰 수 있어"라는 말을 내뱉으면 반드시 현실이 된다. 여기서 동경대와 하버드대 수학과 종신교수이자 수학의 노벨상 격인 필즈상을 수상한 히로나카 헤이스케의 말을 인용한다.

"꿈이란 참으로 이상한 것이다. 실현하기에 불가능해 보일지라도 그것을 마음에 간직하고 있으면 은연중에 꿈을 이루려고 하는 힘이 생기거나 또 꿈을 갖고 있다는 사실만으로도 삶이 가치 있어 보인다."

나는 지금도 꿈을 실현하기 위해 힘쓰고 있다.
- 암 수술 후 회복병원 설립
- 의료 AI 회사 및 AI 대학원대학 설립
- 양평군 서종면 문호리 강가에 AI 카페 건립
- 양 바이오 회사 창립

이 중 하나가 아니라 모두 성공시킬 것이다. 이뤄낼 자신이 있다. 청년들보다 30~40살이 더 많은 나도 이렇게 많은 꿈을 꾸는데 젊은 청춘들은 마음만 먹으면 얼마든지 더 큰 꿈을 실현시킬 수 있다. 젊음은 재산이다.

마지막으로 한국의 청년들도 이스라엘의 후츠파 정신을 본받아 이스라엘의 기업들처럼 나스닥 등록 수의 40%를 점유하길 바란다. 또한 경제 침체인 대한민국이 힘을 내어 제2의 한강의 기적을 만들었으면 한다.

양형규

contents ────────────

PART 01

자신이 가질 수 있는
최대치를 가져라

PART 02

도전하면 가질 수 있다

PART 03

AI에 맞는 근육을 키워라

PART 01

자신이
가질 수 있는
최대치를 가져라

i'm possible

아무리 가난해도
누구나 한 가지는 부자다

"우리 모두 후츠파Chutzpah 정신을 가져야 합니다."

"후추요?"

"향신료 후추 말고 후츠파!"

"그게 뭔데요?"

"이스라엘의 도전정신이자 창업정신입니다."

나를 아는 사람이라면, 나와 대화를 나눠본 사람이라면 자주 듣는 말 중 하나가 '후츠파 정신'이다. 틈만 나면 나는 주변 사람들에게《후츠파로 일어서라》라는 책을 권한다. 이 책에 따르면 이스라엘의 현

인구는 770만 명으로 남한 인구의 7분의 1수준밖에 되지 않지만 그들이 일군 성과는 혀를 내두를 정도다. 나스닥에 상장된 외국 기업의 40%가 이스라엘 기업이며, 이스라엘의 대학에서 창출하는 특허권 비용만 해도 매년 1조가 넘는다.

이렇듯 대단한 일을 아무렇지 않게 해내는 이스라엘에는 '로시가돌Roshgadol적 사고'와 '로시카탄Roshkatan적 사고'가 있다. 먼저 로시가돌적 사고란 창의적이고 적극적으로 문제를 해결하는 '큰 머리 정신'을 가리키며, 로시카탄적 사고는 주어진 문제만 수동적으로 하는 '작은 머리 정신'을 이야기한다. 물론 후츠파 정신은 '큰 머리 정신'을 필요로 한다.

흙수저, 금수저라는 속성 부여

스코틀랜드 출신의 정신의학자 랭Ronald David Laing은 '속성 부여'라는 용어를 만들었다. 가령 "나는 성실한 사람이야", "너는 이기적인 사람이야"라고 이야기할 때 성실함이라는 속성, 이기적이라는 속성을 부여해 그 사람을 이 속성으로만 보게 만드는 것을 말한다.

이 관점대로라면 이스라엘은 후츠파라는 속성을 가진 나라라고 볼 수 있다. 그렇다면 우리 한국을 대표하는 속성 키워드로는 뭐가 있을까. 안타깝게도 '금수저, 흙수저'가 새로운 키워드가 되었다. '어떤 부모 밑에서 자라느냐가 삶의 규모와 꿈의 높이를 결정한다고 믿는 사회, 그래서 '도전'이라는 것을 지구 먼 밖으로 던져버리는 사회가 바로 대한민국이다.

그런데 그것을 아는가. 금수저, 흙수저가 최근에 생겨난 말이 아니라는 것을. 본디 학교를 지칭하는 '스쿨School'의 어원은 '스콜라Schola'라는 단어에서 나온 말이다. '스콜라'는 여가와 자유를 나타내는 동시에 노동을 면제받은 특권 계층을 상징한다. 그러니까 금수저, 흙수저는 중세시대 유럽에서 먼저 생겨났다고 할 수 있다. 노동을 해야만 하는 계층과 노동을 면제받은 계층을 구분 지어 '공부할 기회'마저 계급으로 나눠버린 폭력적인 사회는 늘 어딘가에 존재했다.

중세의 모습과 오늘날의 한국은 닮아 있다. 그래도 다행스러운 점은 중세 유럽에 비해 오늘날의 한국은 개인이 부단히 노력하면 가난에서 벗어날 수 있다는 것이다. 그렇다. 가난은 바꿀 수 없는 인생의 바탕화면이 아니다. 해결 가능한 문제이며 또 이렇게 믿어야 '가난이라는 속성'이 인생 전체로 번지지 않는다. 저마다 가난에서 벗어나는 방법은 다르겠으나 지독히도 가난했던 내 경험을 비추어 몇 가지 정도 추리면 다음과 같다.

첫째, 시대와 맞물려 돌아가는 목표 설정
둘째, 되도록 오래 써먹는 센 공부
셋째, '무슨 일이든 할 수 있다'라는 후츠파 정신

이 세 가지만 가져도 부와 성공의 열차에 탑승할 수 있다. 단, 이것들을 하기에 앞서 예비 단계로 해야 할 것이 있다. 바로 스스로를 흙수저나 패배자로 속성 부여하지 말고, 업신여기지 않겠다는 약속이다.

나의 자산은 무엇인가?

"저는 할 줄 아는 게 하나도 없어요."
"돈이면 돈, 빽이면 빽, 뭐 하나 내세울 게 없어요."
"좋아하는 일을 하라고요? 그건 저한텐 사치죠."

한국의 젊은이들은 자신을 결핍된 존재로만 대한다. 왜 그렇게 자신을 저평가하지 못해 안달인지 모르겠다. 이 관점에 변화가 필요한데, 한 미국인 여성을 여러분에게 소개할까 한다. 바로 안젤라 블랜처드Angela Blanchard다.

그녀는 비영리복지단체인 네이버후드 센터Neighborhood Center Inc.의 CEO이자 ABCD 이론Asset Based Community Development Model을 만든 여성 운동가다. 사회적으로 취약한 빈민층에게 자신의 강점을 발견할 수 있도록 도와주고 자신을 '결핍의 대상'이 아닌 '자원의 대상'으로 보도록 생각을 전환시키는 것이 그녀가 벌이는 캠페인의 핵심이다. 블랜처드 역시 가난한 집에서 자랐기에 이런 생각을 할 수 있었다.

그녀가 가진 의문은 굉장히 간단하다.
'왜 사회는 가난한 자들을 일방적으로 대할까?'
부족하거나 부서진 삶, 구호물자를 기다리는 이로만 보는 세상의 시선을 그녀는 창의적인 질문을 통해 바꿔나가기 시작했다.

"당신이 가진 것은 무엇인가요?"

"자산이 어떻게 되시죠?"

"강점은 어떤 것이 있나요?"로 말이다.

빈민층에게 질문의 방향을 바꿔서 묻는 것만으로도 그들의 눈빛이 반짝였고, 에너지가 달라지기 시작했다고 한다. 이는 우리에게도 시사하는 바가 크다. 더 이상 자신을 흙수저 또는 무언가 가지지 못한 결핍된 존재로만 대우하지 마라. 그러면 세상도 딱 그만큼만 여러분을 대한다. 오히려 자신의 강점을 살피고, 성과가 나타나기 전까지 'Only 강점'에만 몰입하는 것이 좋다. 특히 20대는 이것만으로도 버티는 일이 가능한 시기다. 계속 강점을 물고 늘어지면 다른 건 몰라도 그 하나만큼은 분명 답이 나올 것이다.

가난에서 부자로
넘어가는 과정의 철학자

"아버지, 집에 곧 물이 들어오겠어요."

"짐들을 뚝방 위로 옮겨. 어서!"

"와! 비가 옆으로 들이칠 정도로 엄청 세게 내려요."

"장난 그만하고 빨리 짐을 옮기라니까."

서울 성수동의 한양대 쪽에서 성동교 방향으로 가다가 끝나는 곳에서 우회전한 뒤 7~8분쯤 걷다 보면 중랑천변이 나온다. 그 중랑천의 하류 쪽에서 부모님과 나, 그리고 두 남동생은 3년 정도 살았다. 여름에 홍수라도 나면 집이 물에 잠겨 그때마다 아버지와 우리 삼 형제는 짐 세간을 밖으로 옮기는 일을 한바탕해야만 했다. 비가 많이 와서 홍수로 중랑천이 범람하면 우리 집은 뚝방 중간에 텐트를 쳐놓고 그 안으로 짐을 옮겨놓은 뒤 물이 빠지면 다시 짐을 집에 들여놓았다. 이 일은 1년 중 여름에 몇 번씩 하는 우리 집만의 의식 같은 일이었다.

나름대로 그 생활도 재미있었다. 어디 놀러 간 것처럼 뚝방의 텐트에 앉아 홍수 난 물을 바라보며 다 같이 밥을 먹곤 했다. 지금은 차가 많이 다니지만 그때만 해도 근처에 삼표골재 공장만 있어 어쩌다 지나가는 트럭만 있고 몹시 한적한 곳이라 서울 근교로 놀러 간 기분도 들었다. 또 옆집에 살던 맹 씨 아저씨가 나무 널빤지로 짠 보트를 가지고 있었는데 동생들과 서로 타겠다며 그렇게 싸워댔다. 진짜 보트처럼 우아하게 생기진 않았지만 물 위에서 제법 잘나가 양가네 삼 형제에게는 이만한 놀이기구가 없었다. 그렇게 우리는 그곳에서 1년간 살다 철거를 당해 강제로 쫓겨났다. 이것이 첫 번째 철거 경험이다. 결국 지금의 영동시장 옆 노룬산 쪽으로 이사를 가게 되었다.

"아버지, 왜 산 이름이 노룬산이에요?"
"잔디가 노랗다고 해서 노룬산일 거다."
노룬산을 검색해 보니 '누런 잔디 산', '잔 무덤'이라고 나오는데 내 기억에도 뭔가 노란빛의 들판이었다. 우리 가족은 그곳의 비닐하우스에서 생활했는데, 대학에 들어갈 예정이던 외사촌과 함께 살고자 비닐하우스 옆에 천막으로 간이 집을 하나 더 지은 것이 걸려 다시 철거를 당했다. 이것이 두 번째 철거다.

"다시 원래 살던 곳으로 가자."

"아버지, 그곳은 철거됐잖아요?"

"반지하 움막은 그대로 남아 있어. 철거는 그 위가 됐거든."

아버지의 말만 믿고 우리 다섯 식구는 1년 만에 다시 중랑천변 하류의 반지하 움막으로 돌아왔다.

먹이가 있는 서식지를 찾아 자리를 옮기는 철새처럼 우리 가족은 방이 있는 곳을 찾아 유랑생활을 이어나갔다. 그러나 또다시 철거를 당했는데 그때가 내 나이 열아홉, 재수할 때였다. 당시 대입에 도전했다가 뼈아픈 실패를 맛본 직후였는데 정말 막막했다. 서울대학교에 지원했다가 떨어지고, 엎친 데 덮친 격으로 철거를 당해 다시 별과 달을 보고 잠을 자야 하는 신세가 되었다. 내 인생의 첫 실패인 대학입시 낙방과 세 번째 철거를 같은 해에 당한 것이다.

이처럼 우리 집은 요즘 말로 '흙수저', 아니 이마저도 못 되는 '무수저'일 만큼 가난했다. 당황한 아버지는 고심 끝에 대전에 살던 큰고모에게 5,000원(지금으로 치면 20만 원)을 빌려 워커힐 호텔 너머의 뒷동네인 아천리(지금의 구리시 이천동)에 사글셋방 하나를 얻었다. 보증금 5,000원에 월세 2,500원짜리 방이었지만, 우리는 별을 보고 자지 않아도 된다는 것과 더 이상 철거를 당하지 않게 되었다는 것만으로도 뛸 듯이 기뻤다. 보통의 가족이 '내 집 마련'이 소원이었을 때 우리 가족은 '내 방 마련'만으로도 충분히 행복했다.

　당시 아천리에는 버스가 다니지 않는 탓에 광나루에서 워커힐 호텔 옆을 돌아 30분 정도 걸어야만 집에 도착할 수 있었다. 막냇동생 복규는 허름한 자전거를 타고 서울 강남의 영동고까지 매일 통학했다. 그러던 어느 날 동생네 학교에서 운동회가 열렸다. 운동 종목에 사이클이 있었는데 복규가 선수로 출전하게 되었다. 다른 아이들은 핸들이 안장보다 낮은 경주용 사이클을 들고 참석한 반면, 동생은 늘 타고 다니던 허름한 자전거를 가지고 출전했다. 그러자 친구들이 손으로 동생의 자전거를 가리키며 비웃기 시작했다. "쟤는 그냥 자전거를 가지고 나왔어. 동네 대회도 아니고 사이클 대회인데 웃겨 죽겠네, 쟤 누구야?"라며 전교생의 웃음거리가 되었다.

　시합은 총 다섯 바퀴를 도는 것으로 운영진이 '탕'하고 총을 쏘아 경기 시작을 알렸다. 학생들은 환호성을 치며 선수들을 응원했다. 그런데 결과가 너무 싱겁게 끝나버렸다. 동생이 1등으로 치고 나가더니 두 바퀴를 돌았을 땐 이미 2등을 반 바퀴나 앞섰고, 완주를 했을 땐 1바퀴나 차이가 났다. 일찌감치 승패가 결정되자 응원하던 학생들도 넋 놓고 쳐다보기만 했다. 당시 복규는 등하교를 매일 2시간씩 자전거로 해서 허벅지 두께만도 다른 친구들의 2배가 될 정도였다. 누구보다 많은 훈련을 한 셈이니 1등을 한 것은 당연한 일이었다. 일반 자전거로 대회에 나왔다고 웃던 친구들은 그제야 경탄하는 태도로 바뀌었다. 복규라는 이름을 친구와 선생님들께 알리는 순간이었다. 이 일이 복규가 후에 영동고 총동문회장을 역임할 수 있었던 계기가 되었을지도 모른다. 그후 복규는 홍익대학교 전기과를 졸업하고 쌍용건설에 들어가 인정받는 사람이 되었고, 지금은 외식사업을 하고 있다. 지금도 삼 형제끼리 만나면 그때의 경기를 회상하곤 하는데 형으로서 얼마나 뿌듯한 기억인지 모른다.

누구나 한 번은 가난의 산이 찾아온다

젊은이들에게 꿈과 도전정신을 갖게 할 책을 쓰겠다고 하자 지인들이 두 팔을 걷고 말리기 시작했다.

"당신이 쓰면 꼰대 같은 소리만 늘어놓게 된다", "세대 차이가 심해 허무맹랑하게 들릴 것이다" 등 나를 '꼰대화'시키는 눈치다.

부분적으로 인정한다. 통금시간에 제한을 받고, 신문 배달을 하고, 헝그리 정신을 주입받아온 나는 오늘날 60대가 가진 정서를 갖고 있는 사람이다. 이 자체가 꼰대의 전형으로 비친다는 것도 안다. 그래도 책을 쓴 이유는 내 경험이 젊은이들에게 울림을 주고, 도전을 향한 동기부여가 될 수 있다는 소망과 확신 때문이다.

'소망은 알겠는데 확신은 어디에서 나오느냐고?'

확신에는 두 가지 이유가 있다. 첫째는 비록 '꼰대 콘텐츠'일지라도 후배들에게 물려주면 좋을 지혜와 정신이 있다는 자신감이고(또 누군가는 이런 일을 해야 한다고 믿는다), 둘째는 '가난'이 인생에서 어떤 가치가 있는지 누구보다 잘 전달할 자신이 있기 때문이다.

"나는 찢어지게 가난했지만 이만큼 극복했다"라는 이야기를 하려는 게 아니다. 가난이라는 놈이 인생에서 큰 훼방꾼이긴 하지만 분명히 '주는 것'도 있다. 이것을 나만큼 잘 알려줄 수 있는 사람이 없다고 자부한다. 세상만사는 양면성을 갖고 있다. 나쁜 일의 이면에는 분명히 좋은 점도 있다.

누군가가 "당신이 무슨 가난의 철학자라도 되냐? 지금은 잘 살고 있지 않느냐?"라고 물으면 나는 "가난에서 부자로 가는 과정의 실증자요, 철학자"라고 답할 것이다. 이 과정에서 겪은 일을 남기면 누군가 한 명은 건져가는 것이 있을 것이고, 난 그것으로도 만족한다.

마지막으로 가난에서 부자로 가는 과정의 철학자로서 한 가지 일러둘 말이 있다. 누구나 일생에 한 번쯤은 가난한 시즌이 찾아온다는 것이다.

초년은 아무것도 결정되는 때가 아니다

사실 태어나서 죽을 때까지 호의호식하는 사람은 손에 꼽을 정도로 드물다. 내가 20대였을 때도 금수저, 흙수저, 다이아몬드 수저가 있었다. 부모 잘 만나 상속받은 건물에서 병원을 개원한 친구는 다이아몬드 수저였지만 지금은 경영난에 빠져 속이 곪아가고 있다. 물론 세 번의 철거를 당하며 자란 나와는 '질적으로 다른 가난'이다. 그래도 누구에게나 한 번은 '가난이라는 산'이 찾아오는 것은 맞다. 이때 얼마나 잘 넘어가느냐에 따라 말년 운이 결정된다.

지금 흙수저라고 해서 그냥저냥 산다면 중년과 말년이 되어서도 힘들기는 매한가지다. 기민하게 잘 생각해야 한다. 시작 즉, 초년 운이 힘들다는 이유로 포기하고 그대로 세월만 보내면 80세가 되었을 때 최소 50년 넘게 허송세월하며 산 것에 대한 후회가 밀려오게 된다. 그리고 동시에 깨닫게 될 것이다. 내가 이 정도밖에 살지 못한 이유는 흙수저를 물고 태어나서가 아니라 50~60년간 이렇다 할 일에 도전하지 않은 시간의 합 때문임을. 나는 여러분이 이런 후회를 하지 않았으면 한다.

여러분은 기껏해야 지금 초년의 강을 건너는 중이다. 아직 중년과 말년의 초입에도 발을 디디지 못한 청춘에게 하필 지금 가난이 찾아온 것뿐이다. 그러기에 감난도 교수는 '아프니까 청춘이다'라고 했다. 나는 이것을 '도전하니 청춘이다'라고 바꾸고 싶다. 여러분은 자기 인생을 방치할 정도로 무능력하거나 자신을 사랑하지 않는 사람이 아님을 믿어야 한다. 그래야 내일을 살아낼 수 있고, 그 내일이 쌓여 1년을, 다시 1년이 쌓여 10년을 살아낼 수 있다.

66

여러분은 자기 인생을 방치할 정도로 무능력하거나

자신을 사랑하지 않는 사람이 아님을 믿어야 한다.

그래야 내일을 살아낼 수 있고, 그 내일이 쌓여 1년을,

다시 1년이 쌓여 10년을 살아낼 수 있다.

공부는 할 때
세게 해놔야 한다

'토끼와 거북이의 경주' 이야기를 들어본 적이 있을 것이다.

토끼와 거북이가 달리기 경주를 벌이는데, 중간에 토끼가 잠이 든 탓에 거북이가 이긴다는 내용이다. 이야기는 심플하나 강력한 메시지가 담긴 우화다.

지금 와서 이 우화를 재평가하면 반은 맞고 반은 틀리다. 오늘날의 토끼는 시합 중간에 잠을 자지 않는다. 오히려 제 속도를 뽐내며 성과를 자랑하느라 바쁘다. 그러니 이 부분은 틀렸다. 하지만 거북이처럼 계속 달리다 보면 완주가 가능한 것은 여전히 맞다. 그래서 반은 맞고 반은 틀린 것이다.

속도를 평가 기준으로 두면 거북이는 토끼를 이길 수 없지만 완주를 평가 기준으로 삼으면 거북이도 승리자가 된다. 이는 예나 지금이나 유효하다. 한 번은 이 우화를 가지고 워크숍에서 직원들에게 퀴즈를 낸 적이 있다.

"오늘날 사회로 치면 토끼와 거북이를 뭐라고 부를까요?"

"원장님, 너무 쉬워요. 금수저와 흙수저죠." 직원들은 웃으며 대답했다.

"그 대답 역시 반은 맞고, 반은 틀려요."

"네? 그러면 뭐가 맞고 뭐가 틀린 건데요?"

"토끼가 금수저인 것은 맞아요. 하지만 거북이는 틀렸어요."

"오늘날 거북이는 뭔데요?"라며 고개를 갸우뚱하는 직원을 향해 나는 말했다.

"고전입니다. 토끼가 금수저라면 거북이는 고전이에요. 거북이의 지속적인 노력은 진부하지만 뜻한 바를 이루는 데 있어 꼭 필요한 자질이니까요. 우리가 대체 불가능한 진리를 고전이라고 부르니 거북이는 곧 고전이에요."

더불어 이 우화의 주인공이 토끼가 아니라 거북이임을 상기해보라고 말하며 워크숍을 마쳤다.

그때도 영어가 문제였다

나는 성동중·고등학교를 나왔다. 성동중학교를 입학할 때는 반에서 3등이었는데, 중학교에서 고등학교로 올라갈 때는 성적이 쭉쭉 내리막길을 걷기 시작했다. 전 과목이 문제였다면 '고등학교는 중학교 때와는 수준이 다르구나'라고 생각했겠지만 나의 경우 과목별 편차가 심했다. 특히 영어와 수학이 문제였다. 영어는 시험만 봤다 하면 거의 꼴찌 언저리였다.

중학교 2학년 때 시작한 신문 배달로 공부할 시간이 부족한 것이 원인이었다. 시험 전날에도 배달을 해야 했고, 주말에는 집집마다 돌며 수금을 해야 했다. 남들처럼 공부에만 전념할 수 없었기 때문에 영어 진도를 따라잡는 일이 무척 버거웠다. 그래도 죽으라는 법은 없는지, 고등학교 2학년이 된 어느 날 친구 석한이를 통해 안현필이라는 은사님을 만나게 되었다. 안현필 선생님이 어떤 사람인지 예전 세대는 다 알 것이다. 한마디로 '영어의 전설'이라 할 수 있는 분이다. 중간고사를 앞두고 석한이와 도서관 앞 벤치에서 영어시험 공부를 같이 했는데 그날이 중요한 분기점이 되었다.

"형규야! be 동사는 중학교 때 다 배운 거야. 고등학생인데 왜 이렇게 기초가 안 되어 있어. 살다 살다 너처럼 기초가 안 된 애는 처음 본다."

"be 동사 활용? be 동사는 '~이다'가 아니야?"

"'~이다' 말고도 활용법이 더 있어. 내가 책 한 권 빌려줄 테니 기초부터 다시 공부해"라며 안현필 저자가 쓴《영어기초실력》이라는 책을 주었다.

"이 책 보는 데 얼마나 걸리겠어?"라고 석한이가 물었다.

"한 달이면 되지 않을까?"라고 답했으나 막상 시작해 보니 한 달 동안 절반밖에 보지 못하고 돌려주어야 했다.

그때나 지금이나 뭔 놈의 자신감이 그리도 넘치는지. 마음속으로는 한 달만 더 있었으면 하는 아쉬움이 컸다. 그 책을 여는 순간 지니의 요술램프와 만난 기분이 들었기 때문이다. be 동사뿐 아니라 'have, take, get' 동사의 용법이며 수동태와 능동태 만드는 법 등 그동안 몰랐던 내용이 가득 쓰여 있었다. 수학으로 치면 영어도 공식이 있는 건데《영어기초실력》책을 보기 전까지 나는 이런 기초가 전혀 되어 있지 않았다. 그러니 영어시험만 봤다 하면 늘 꼴찌일 수밖에.

석한이에게 책을 돌려주고 난 후 어머니를 졸라 동일 저자의《영어기초오력일체》라는 책을 구입해 6개월간 파고들었다. 그 이후《대입영어실력요점》책을 독파하면서 영어의 벽을 부수고, 담을 공고히 쌓아 나갔다. 이분의 책을 보면 평소 강의할 때 학생들에게 했던 잔소리를 그대로 써 놨는데, 마치 개인 과외를 받는 기분이 들어 외롭지 않게 공부할 수 있었다.《대입영어실력요점》책을 겨울방학 동안 공부한 후 3학년 때 치른 영어시험에서 전교 10등 안으로 진입하게 되었다. 이때부터 나는 공부에 대한 자신감이 생겨났다.

직접 안현필 선생님과 만난 적은 없지만 지금도 나의 '영어 스승님'이라고 이야기하고 다닐 정도로 이후로도 내게 많은 것을 남겨주신 분이다. 의대에 입학하고 나서 등록금과 생활비를 벌 목적으로 그룹 과외를 지도한 적이 있다. 이때도 《성문종합영어》, 《1200제》 등을 교재로 삼았으며, 미국의 여류 작가인 펄 벅Pearl Buck의 《북경에서 온 편지》 책과 영국 작가 윌리엄 서머싯 몸William Somerset Maugham이 쓴 《달과 6펜스》 소설로도 학생들을 가르쳤다. 단어를 몰라서 독해가 막힌 적은 있어도, 구문을 몰라서 못 읽은 적은 없을 정도로 안현필 선생님은 내게 영어구문론에 대해 뼛속 깊이 일깨움을 주셨다. 대학원 입학시험과 어학시험 등을 한 번에 합격할 수 있었던 것도 안현필 선생님 덕에 영어가 강했기 때문이었다. 그래서 '공부는 한 번 할 때 세게 해놓으면 이후에도 큰 도움이 된다'라고 입이 마르고 닳도록 이야기하고 다닌다.

거북이 정신은 못 해낼 일이 없다

평소 즐겨 사용하는 고사성어 두 개가 있다.

'깊게 공부해서 쉽게 풀어낸다'라는 뜻의 심입천출深入淺出과 '글의 속뜻과 지혜의 구멍으로 문리가 트인다'라는 문심혜두文心慧竇가 그것이다. 문심혜두는 다산 정약용이 한 말로 한자를 공부할 때 천자문 외우듯 하지 말고, 글자의 모양과 뜻, 부수 등을 다채롭게 살필 것을 강조한 말이다. 하나를 배우더라도 깊게 배우라는 정약용의 가르침이다.

딱히 음악에 조예가 깊은 것은 아니나 악보 속에 그려진 수십 개의 마디를 보면 기분이 고무되곤 한다. 이 마디들이 모여 한 곡의 명곡이 탄생하는데 나는 악보를 볼 때마다 배움의 이치가 연상된다. 음악

가가 각각의 마디를 창작하고 직접 연주도 하면서 명곡을 완성시키듯 배움의 과정도 유사하다고 믿기 때문이다.

나는 우리 병원의 의사를 비롯해 여러 사람에게 영어 공부의 중요성을 강조하는데 그때마다 돌아오는 대답은 비슷하다. "선생님, 안 그래도 마음먹고 해봤는데 늘지 않아요." 그런데 가만 보면 기초 단계에만 머물고 다음 단계로 이어지지 않는 것 같다. 그럴 때 "영어로 된 동화책이라도 읽어 본 적이 있냐?"라고 물으면 대개 머쓱한 표정들을 짓는다. 이래놓고 무슨 영어가 늘기를 바라는가. 영어는 문법만 다지고, 회화 몇 문장만 줄줄 외운다고 되는 공부가 아니다. 이는 악보로 치면 세 마디 정도 그린 것에 불과하다. 이어달리기 하듯 공부를 해야 뭔가 만들어지면서 배움의 가속도도 붙는다. 특히 외국어는 지속성이 생명이다. 나는 아직도 영어만큼은 놓지 않고 있다. 화상 채팅인 '스카이프Skype'를 이용해 주 2회 외국인에게 영어회화를 레슨받고 있는데 실력이 꽤 많이 늘었다. 그냥 무조건 하면 되는 거다.

토끼처럼 속도전으로 승부를 봐야 할 단기 공부가 있는 반면 거북이처럼 눈이 오나 비가 오나 지속해서 달려야 완성되는 공부가 있다.

언어가 바로 여기에 속한다. 꼭 외국어가 아니어도 좋다. 스스로 세운 목표가 있으면 포기하지 말고 밀고 나가라. 미술이라면 남들보다 선 하나라도 더 연습하면 되고, 사진이면 토끼들보다 더 많이 찍으러 다니는 거북이가 되면 된다. 무슨 일이든 끝까지 해내는 거북이 정신이 흙수저의 강점이자 후츠파 정신의 근간이 될 수 있다.

양형규의
제로섬 법칙

"한국은요. 돈이면 다 되는 곳이에요. 돈으로 안 되는 것이 없어요."
아들과 직원들을 통해 하루에도 수십 번 듣는 말이다.

한국은 계급 사회고, 피라미드로 치면 자기네는 1층에 산다며 꼭
대기는 구경도 못 하고 죽을 거라고 불만이 가득하다. 그럼 나는 "1층
에라도 사는 것이 어디냐? 난 피라미드의 밑변에서도 살아보지 못했
다"라고 응수하는데, 이런 말을 하면 "그게 바로 꼰대 같은 소리"라며
그렇게 핀잔을 준다. 한바탕 웃어넘기지만 이게 사실인 것을 어쩌겠
는가.

다행히 고등학교 2학년이 되면서 신문 배달을 그만두게 되어 공부에만 전념할 수 있었다. 학교 도서관에서 마감 시간인 밤 9시까지 공부한 뒤 독서실로 향하곤 했다(지금으로 치면 15만 원에 해당하는 1,500원짜리 독서실이었다). 그때만 해도 통금시간이 있어 12시가 되면 귀가해야 했다. 어머니가 큰맘 먹고 끊어준 독서실에서 늦게까지 있고 싶어도 그럴 수조차 없었다. 집으로 돌아가 새벽 1시 30분까지 공부를 하고 6시에 일어나 학교에 가곤 했는데, 돌이켜 보니 그만한 체력이 가능했던 이유는 신문 배달을 한 덕이었다.

하루에 서너 시간씩 매일 동네 구석구석을 돌았으니 얼마나 기초 체력이 다져졌겠는가. 내 기억에도 허벅지가 씨름 선수처럼 상당히 두꺼웠다. 의도한 바는 아니나 당시의 가난이 공부할 체력을 벌어다 준 셈이다. 나는 이를 두고 '양형규의 제로섬 법칙'이라고 부른다. 본디 '제로섬 게임Zero-sum Game'이라는 것이 뭔가. 사전을 찾아보면 한쪽의 이득과 다른 쪽의 손실을 더해 0이 되는 것을 일컫는 용어로 형평성, 평등이라는 개념으로도 바꿔서 사용된다. 어느 한쪽이 우세한 것이 아니라는 정도로 이해하면 된다.

시간과 체력의 합이 0이다

생각할수록 정말 그렇다. 학업에만 몰두한 친구들은 '시간' 면에서는 플러스였지만, 종일 앉아서 공부만 했으니 '체력' 면에서는 오히려 마이너스였다. 이건 내 입장에서도 마찬가지다. 다른 친구들이 공부에

열중하던 시간을 나는 갖지 못하는 대신 그들에게 없는 체력을 플러스했다. 양쪽 모두 시간과 체력의 합이 0이 된다는 점에서 형평성이 갖춰진 출발점이다. 이때부터는 실력 차이가 모든 것을 판가름낸다.

이쯤 되면 대학입학 시험에 한 방에 붙어 제로섬 게임에서 플러스 게임이 되어야 하는 게 아니냐고, 그래야 세상이 공평하지 않냐고 말하는 이가 있을 것이다. 그런 이에게 한마디 전하면 무슨 일이 있어도 평등이나 형평성 앞에서 초조해하지 마라. 초조해하는 순간 지게 되어 있다. 현실은 개인의 감정이나 바람대로 흘러가지 않는다. 돌아가는 현실과 자신의 감정을 분리하는 태도야말로 2030 젊은이들이 지녀야 할 후츠파 정신의 제1 요건이다. 그래야 쉽게 지치지 않는다.

첫 실패에 대처하는 건강한 자세

의사를 하면서 느끼는 것 중 하나는 대체로 한국인들은 인과응보, 사필귀정, 권선징악과 같이 해피엔딩에 대한 필연적 기대 수준이 높다. 대장암이 아니어도 크고 작은 질환을 가진 환자들에게서 자주 발견되는 모습이다.

"식이조절을 잘 하고 운동도 꾸준히 했는데 왜 병이 생긴 거죠?"
"밤낮으로 공부했는데 공무원 시험에 떨어졌어요. 남은 것은 치질뿐이에요. 인생이 왜 이럴까요?"
"여자친구에게 최선을 다했는데 헤어졌어요. 그리고 나니 과민성 대장증후군이 생겼죠."

이런 식으로 자신이 노력한 정도에 비례해 '선의 결과'가 나오지 않으면 억울해하거나 분하게 생각한다. 이만큼 애를 썼는데 왜 원하는 결과가 나오지 않느냐는 것이다. 재차 반복하지만, 우리에게 주어진 현실은 개인의 소원을 즉각적으로 들어주는 마법의 세계가 결코 아니다.

한 번 냉정하게 현실의 관점에서 살펴보자. 너도 나도 '노력'을 한다고 가정할 때 그중에서 가장 크게 노력하고 능률을 높인 사람에게 기회가 돌아간다. 즉, 상대 평가로 점수를 매긴 다음 점수가 좋은 순서대로 그에 따른 보상이 이루어지는 곳이 현실이다. 그러니 혼자 절대 평가로 판단하거나 그에 따른 보상을 기대하는 것은 곤란하다.

단, 이런 각박한 현실에서도 거북이 정신은 통한다. 인간관계가 됐든, 학업이나 일이 됐든 계속하다 보면 자기 스스로 좋은 결과가 나오는 방향으로 '인생의 공'을 몰게 되고, 그러면 원하는 골대에 골을 넣는 순간이 반드시 찾아온다.

그리고 또 한 가지. 실패에 대한 인식을 바꿔볼 필요가 있다. 특히 어린 친구들일수록 첫 실패에 대한 속앓이를 오래 가져간다. 실패에 대한 내성이 생겨나지 않은 탓이다. 사실 어느 정도 경험이 있지 않고서는 대부분 '첫 실패의 값'은 크게 다가올 수밖에 없다. 대부분의 사람들이 겪는 보편적 실패임에도 자신에게만 저주가 내려진 듯이 절망

스러워하며 '이번 생은 망했다'라고 간주한다. 이를 심리학적 용어로 '재앙화Catastrophizing 사고'라고 한다. 실제 그 정도의 일이 아닌데도 엄청난 공포심을 느끼는 것을 나타내는 용어다.

연차가 많이 쌓이지 않은 외과 의사들은 큰 실수가 아님에도 "난 의사 소질이 없는 것 같아", "다시는 수술실에 못 들어갈 것 같다"라며 움츠르드는 모습을 보일 때가 있다. 이런 사고가 만성화되면 실제로 손이 말을 듣지 않는다. 뇌의 신경망이 손을 얼게 만들기 때문이다. 이런 만성화가 되지 않도록 주의를 기울이는 것이 중요한데 한 가지 팁을 주면 '실패의 규모'를 적절히 인식하는 훈련을 해나가면 된다.

'단지 실패가 지금 찾아온 것뿐이다', '누구나 한 번쯤 이런 일을 겪잖아'처럼 재앙이 아닌 '충분히 일어날 수 있는 일'로 인식하는 것이다. 그래야 작은 실패로 인해 지레 겁먹고 포기함으로써 손에 쥘 수 있는 성공을 내쫓지 않을 수 있다.

'나도 할 수 있다'라는 말 안에는 실패와 형평성과의 현명한 줄다리기가 포함되어 있다. 실패에 필요 이상 당황하여 형평성을 잃고 자신의 감정이 무너지면 상대가 강하든 약하든 지게 되어 있다. 문제는 자신에게 있음을 기억하자.

66

인간관계가 됐든, 학업이나 일이 됐든

계속하다 보면 자기 스스로

좋은 결과가 나오는 방향으로

'인생의 공'을 몰게 되고,

그러면 원하는 골대에

골을 넣는 순간이 반드시 찾아온다.

의사 선생님의
결정적 조언

"형규야, 대입이 코앞인데 어쩌면 좋으니."

"어머니, 괜찮아요. 그때까지 회복할 수 있으니 걱정하지 마세요."

수험생이라면 누구나 겪을 수 있는 대입 실패 이후 나는 재수를 했다. 그런데 하필 시험을 앞두고 허리디스크 수술을 받는 일이 생겼다.

아천리 월세방으로 이사한 이후 철거반이 들이닥치지는 않을까 하는 걱정에서 벗어났지만, 이번에는 비좁은 도로가 문제였다. 이사할 때 삼륜차로 목재와 짐을 실어 나르다 바퀴가 옆 도랑으로 빠졌다. 길이 비좁다 보니 우리가 길을 막고 있으면 뒤에 오는 차가 갈 수 없어

짐을 밭에 내려놓는 과정에서 허리를 다친 것이다.

문제는 바로 치료를 받고 조심했었어야 했는데 8개월 가까이 허리 통증을 참으며 화양리(지금의 세종대 입구)에 위치한 독서실까지 걷고, 버스를 타고 다닌 것이 병을 키웠다. 허리디스크가 심해져 끝내 병원 신세를 지고 말았다. 이때 치료를 위해 찾아간 곳은 필동성심병원으로 나는 이곳에서 당시 신경외과 레지던트 2년 차였던 평생의 은인 노재한 선생님을 만나게 되었다.

이분의 부친이 논산 강경에서 꽤 유명한 삼남의원을 운영하셨는데 아버지도 논산 출신이라 이 병원을 잘 알고 있었다. 노재한 선생님은 아버지와 고향에 대한 이런저런 대화를 나누면서 친분이 생겨 치료비가 부족한 우리에게 병원비를 할인받는 방법을 귀띔해 주었고, 척수사진을 찍으면서 내게 귀중한 조언을 해주었다.

삶의 진로를 바꾼 '인생 조언'

"이름이 형규라고 했나? 지금 고등학생? 아니면 대학생?"

"아니오. 재수생이에요."

"대학은 어디 가려고?"

"서울대 약대요."

"등록금 때문에?"

"네. 국립대가 아무래도 싸니까요."

"그러지 말고 의대는 어때? 약대보다 2년만 더 공부하면 인생이 훨씬 나을 거야."

사실 나는 집안 형편이 어려워 빨리 졸업한 뒤 돈을 벌어야겠다는 생각뿐이었다. 그런데 '의대를 가면 언제 졸업하고, 언제 의사가 되지? 게다가 의대는 돈이 엄청나게 들어갈 텐데'라는 막연한 걱정이 앞을 가렸다. 퇴원 후 며칠을 고민하다 아버지와 함께 광나루에서 아천리 집으로 걸어가는 중에 조심스레 이야기를 꺼냈다.

"아버지, 노재한 선생님이 의대 진학을 권하더라고요. 가난한 우리 집에서 가능할까요?"
"의대?"
"네."
"형규야! 한번 도전해봐라. 첫 입학금은 마련해줄 수 있어"라며 아버지는 호쾌하게 승낙해 주셨다.

평생을 증권사에 다니셨던 아버지는 여러 사람과 만나면서 생각이 꽤 트이신 분이셨다. 만약 그때 아버지가 "사글세 사는 형편에 무슨 의대냐?"라고 말씀하셨다면 나는 의대 진학을 포기했을 것이다. 비록 입학금 이후의 등록금은 마련해주진 못하셨지만 흔쾌히 승낙해주신 아버지 덕에 의대에 지원할 수 있었다. 지금 생각해 보면 아버지도 후츠파 정신을 갖고 계셨던 것 같다.

다음번 경기는 사회가 해줘야 한다

'양형규 학생! 합격'

허리디스크 수술의 아픔을 안고 치른 대입 결과는 합격이었다. 연세대학교 의과대학에 지원해 합격한 것이다. 인생이 참 재밌다고 생각한 이유는 내게 첫 실패를 안겨준 대입 실패가 결과적으로 더 큰 목표로 향하는 발판이 되었기 때문이다. 만약 첫 입시에 성공해 서울대학교 사범대학 물리학과에 다니고 있었더라면 의대 진학은 애당초 생각도 못 했을 것이다. 나 같은 사람에게 한 번의 선택은 생존의 디딤돌을 놓는 것과 같아서 '리셋이라는 사치'는 언감생심이기 때문이다.

'다시 시작할 용기'도 아무나 가질 수 있는 건 아니다. 이런 점에서 청춘의 가난이 뼈아프지만 좋은 점도 있다. 살다 보면 나쁜 일에 좋은 면도 있고, 좋은 일에 나쁜 면도 있다. 흔히 어른들은 젊을 때 고생은 사서 하는 거라고 하는데 일견 맞는 말이다. 어릴 때 고생한 경험은 살아가는 데 필요한 마음의 근육을 만들어주는 이점이 있다. 이런 이야기를 꼰대 같은 소리라고 옆으로 치워놓지 마라. 힘들게 고생했는데 유익한 것이 없다면 그게 더 슬픈 일이지 않은가.

그러나 여기서 구분해야 할 것이 있다. 고생은 고생이고 가난은 가난이다. 이 둘은 엄연히 다르다. 평범한 집에서 자란 사람과 가난을 극복해낸 사람이 레이스를 펼치면 누가 이길까?

한두 번이야 오기로 가난을 이겨낸 사람이 이길지 몰라도 이후에는 그렇지 않다. 왜냐하면 만회할 '다음번 경기'를 갖고 있지 않기 때문이다. '만회할 수 있는 다음 기회를 가질 수 있느냐, 없느냐'에 따라 도전에 대한 마음가짐이 다를 수밖에 없다. 이런 관점에서 보면 청춘의 가난은 꿈을 포기시킨다는 점에서 손실 값이 상당하다고 할 수 있다. 사회가 나서서 젊은이들이 마음껏 도전에 나설 수 있도록 보호막을 씌워줘야 한다.

이스라엘의 젊은이들이 천문학적인 액수의 특허를 개발하고, 창업에 나설 수 있는 데는 그들이 창업에 도전했다가 실패해도 책임을 묻지 않는 시스템 덕분이다.

여기에 창안하여 나 역시 2030대의 스타트업을 지원하는 '엔젤 프로젝트'를 시행해보고 싶다. 창업 비용은 물론 그들이 창업을 인큐베이팅 하는데 필요한 모든 것을 제공할 생각이다. 설사 이러한 과정을 거쳐 그들이 창업에 실패하더라도 일체 책임을 묻지 않고 더 앞으로 나아갈 수 있는 시스템을 구축해보고 싶다. 이런 기회를 가짐으로써 무언가에 도전해보고, 그것을 사업화하는 과정에서 체득한 지식은 그들이 다음 행보로 나아갈 때 소중한 발판이 될 것이다.

후츠파 정신을 다른 말로 '큰 머리 정신'이라고 하는데 지금껏 한국의 젊은이들이 도전에 나서지 못한 이유는 '작은 머리 정신'만 갖고 있어서가 아니다. 큰 머리 정신을 활용할 기회를 가져보지 못한 것이 더 정확하다. 이러한 기회는 사회나 기업이 나서서 만들어야 한다. 나는 이런 분위기가 성숙되도록 판을 깔아주는 역할을 하고 싶을 뿐이다.

1만 시간의
시드머니 법칙

〈졸업식장을 웃음과 눈물바다로 만든 한 남자의 사연〉이라는 유튜브 영상을 본 적이 있다. 미국의 흑인 청년 릭 리스비Rick Rigsby가 자신의 부친에게 받은 교훈을 소개하는 영상으로, 그의 아버지가 세운 목표와 시간에 대한 관념이 인상적이었다. 릭 리스비의 부친은 초등학교 3학년만 다니고 학교를 그만두었다고 한다. 이후 독학했는데 어려운 형편에서도 공부를 계속한 점이 흥미로웠다. 그가 공부를 멈추지 않은 이유는 미국 사회에 뿌리 깊게 박힌 인종차별을 스스로 끊어내기 위해서였다. 이 말을 듣고 무릎을 쳤다.

어쩌면 한국의 많은 이들이 차별을 당할 때 서러움과 억울함을 갖는 데는 자신에게 그 상처를 제일 먼저 실어나르는 주체에 자신이 포함되어 있다는 사실을 모르기 때문이라는 생각에서다. 이게 무슨 뚱딴지같은 소리냐고? 찬찬히 따져 보면 일리가 있다.

애초에 차별이 상처가 되기 위해서는 가해자가 '차별이라는 공'을 던졌을 때 그것을 수용하는 주체가 있어야 한다. 이 공을 받는 이가 없으면 상처도 뭣도 아닌 게 된다. 릭 리스비의 부친은 이러한 사실을 알고 있었다. 타인에게 인종차별을 그만두라고 말하기 전에, 자기 스스로 '앞으로는 흑인이 아닌 한 남자로 살겠다'라고 선언을 했기 때문이다. 이는 단순한 선언이 아니다. 외부에서 가하는 인종차별에 동의하지 않는 식으로, 자신에게 가한 차별부터 거부하겠다는 굉장히 의미 있는 결심이다.

우리는 이런 사람을 보고 '객기를 부린다'라고 표현한다. 나는 이런 객기客氣를 젊은이들이 배웠으면 좋겠다. 객기란 혈기가 왕성하여 때를 쓰는 어리광이 아니다. 타인이 가하는 판단이나 차별에 '자동으로' 동의하는 식으로 자신을 차별하는 일을 그만두는 일종의 '자기 혁명'이다. 이러한 객기만이 호기好機(좋은 기회)를 불러올 수 있다.

"제가 무슨 자격으로 큰 목표에 도전해요"가 아니다. "나 자신에게 물어보니 되든 안 되든 한번 해보고 싶다고 하네요"이다. 이것이야말로 진정한 후츠파 정신이다.

저는 남는 게 시간입니다

"아버지는 매일 새벽 3시 45분에 나가셨어요. 당신께서 그 시간에 나가는 모습을 보이면 훗날 자녀들 중 한 명은 자신보다 일찍 일어나 자신을 능가할 거라고 기대하셨죠."

릭 리스비의 영상에서 나를 붙잡은 두 번째 장면이다. 시간은 어떠한 차별도 하지 않는다. 모든 이들이 사용할 수 있는 자원이며, 특히 어떻게 사용하느냐에 따라 많은 것을 변화시킬 수 있다.

나는 사람들과 만나면 "저는 시간이 많은 사람입니다"라고 소개한다. 내가 괜히 바쁠 거라 여겨 부탁을 못 하거나 할 말도 못 하는 일을 방지하기 위해 그렇게 말하는 것도 있지만, 실제로 '시간이 많은 삶'을 살고 있기 때문이다. 사람들에게 그렇게 이야기하니 종종 질문을 받는다.

"양 원장은 병원일 하는 것만으로도 바쁠 것 같은데 책을 20권이나 내고, 도대체 얼마나 시간이 남아도는 거요?"

"저요? 3시간입니다. 전 남들보다 3시간 더 삽니다"라고 답한다.

어머니는 가톨릭 신자였지만 아버지는 불교를 믿으셨다. 나는 부모님의 영향을 받아 가톨릭 신자지만 기상 시간은 불교의 스님처럼 맞춰져 있다. 스님들은 예불을 드리기 위해 새벽 3시에 일어나는데 나도 3시에 기상한다. 물론 잠자리에 드는 시간은 저녁 9시쯤이다.

보통 사람들은 오전 6시부터 하루를 시작하는 데 반해 나는 새벽 3

시부터 시작하니 출근을 준비하는 6시까지 3시간은 온전한 나의 시간이다. 이 시간에 그날의 계획을 짜고 책을 읽고, 글을 쓴다. 그래서 하루에 3시간을 더 산다고 이야기하는 것이다.

특히 "저는 시간이 많은 사람입니다"라는 말을 입에 달고 살면 안 올 연락도 오고 그만큼 좋은 기회나 사람들이 몰리는 효과를 경험하게 된다. 물론 한창 공부에 매진하는 사람이라면 이 멘트는 조금 뒤로 미뤄두는 편이 좋다. 자칫 공부 이외의 것에 시간을 낭비할 수 있기 때문이다.

30분의 미래가 1만 시간이다

'바쁜 사람이 더 많은 시간을 갖는다!'

시간에 대한 내 좌우명이다. 단순히 새벽 3시에 일어나라는 의미가 아니다. 괜히 이 시간에 일어나 비몽사몽인 채 아무것도 못 하면 아무 소용이 없다. 1시간이든 30분이든 스스로 일찍 일어날 수 있는 시간만이라도 주워 담는 자세가 중요하다.

이 습관만 잘 가져가도 말콤 글래드웰Malcolm Gladwell이 말해 유명해진 '1만 시간의 법칙'에서 '1만 시간의 시드머니'를 만들 수 있다. '시드머니Seed Money'란 우리말로 종잣돈으로, 일정 규모의 자산으로 불리기 위해 투자하는 최소 금액을 말한다. 재테크할 때만 시드머니가 필요한 것이 아니다. 자기계발을 하거나 목표를 이루고자 할 때 역시 더 큰 목표를 만드는 데 있어 투자해야 할 최소 시간이란 게 있다.

'1만 시간의 법칙'이라는 것이 뭔가. 한 분야에서 전문가가 되는 데 필요한 시간으로, 하루 3시간씩 10년 동안 노력하는 것을 의미한다. 이 1만 시간을 채우기 위해서는 1천 시간이 필요하고, 1천 시간이 되기 위해서는 1백 시간, 다시 10시간, 1시간, 30분이라는 시간이 필요하다. 1만 시간이라고 하면 '언제 10년을 기다리나'라는 생각에 숨이 막히지만, 30분은 당장이라도 누구나 낼 수 있는 시간이다.

매일 아침 7시에 일어나던 이가 마음먹고 6시 30분에 눈을 떴다고 해보자. 힘차게 이불을 털고 일어나는 이때의 결심과 실천이야말로 혁신이다. 혁신이 별 게 아니다. 몸에 익은 관행을 떨쳐버리는 일. 이것이야말로 스티브 잡스가 보여준 혁신만큼 의미가 크다.

이제 막 의사로서 발을 내딛는 후배들에게 "너의 30분의 미래가 1만 시간이다. 어느 날 뚝딱 1만 시간이 되는 것이 아니다"라고 힘주어 이야기한다. 여러분도 마찬가지다.

3시간이 힘들다면 30분이라도 먼저 일어나 그날의 가장 중요한 일을 살펴보고 미래를 계획해보자. 고백하자면, 내 전매특허인 말도 안 되는 계획도 다 이 시간에 만들어졌다.

빅픽처Big Picture(큰 그림)는 외부의 참견이 덜한 새벽 시간에 구상하는 것이 가장 좋다. 이상하게 새벽은 뭔가 자신감이 넘치면서 허무맹랑한 꿈을 떠올려도 힘이 실리는 기분이 든다. 그 시간만이 주는 묘한 기운이 있으니 여러분도 한 번 경험해보길 바란다.

이 책을 읽는 여러분도 평소보다 조금 일찍 일어나 '내 미래 먹거리가 무엇인가?'를 계획해보길 바란다. 삼성만 미래 먹거리에 대한 고민이 필요한 것이 아니다. 신문에서 한국인이 41세에 소득의 정점을 찍고, 57세부터 소득의 하락세를 보인다는 기사를 보았다. 그러니 한 해 흑자만 수십 조 하는 기업보다 이런 삶을 사는 이들이 치열하게 미래를 고민하고 준비해야 한다.

66

나는 이런 객기를 젊은이들이 배웠으면 좋겠다.

객기란 혈기가 왕성하여 떼를 쓰는 어리광이 아니다.

타인이 가하는 판단이나 차별에

'자동으로' 동의하는 식으로 자신을 차별하는

일을 그만두는 일종의 '자기 혁명'이다.

이러한 객기만이 호기(좋은 기회)를 불러올 수 있다.

시간-부
이동의 법칙

오랫동안 시간을 벗 삼아 살아온 한 사람으로서 시간과 관련하여 한
가지 이론을 정립했다. 시간을 부로 전환시키는 '시간-부의 법칙'이다.

이는 시간을 시간으로만 보지 않고, 부富로도 보는 전략이다. 이 법
칙을 실현시키는 방법을 알아보기 전에 '시간의 양극'에 대해 먼저 알
아야 한다. 자석을 보면 S극과 N극이 있는 것처럼 시간도 플러스극과
마이너스극이 있다. 지금껏 많은 리더나 책들은 '시간을 어떻게 활용
해서 이득을 볼 것인가?' 즉, 플러스극과 관련해서만 이야기했다. 하
지만 '플러스 개념'으로만 봐서는 시간의 완전체를 경험하지 못한다.
나 역시 뼈아픈 실책을 하기 전까지 플러스극으로만 시간을 보았다.

시간의 플러스극과 마이너스극

잠시 양병원의 역사를 보면 구리시에서 1986년에 양외과, 1990년에 양형규의원을 개원한 뒤 현재는 서울에서 양병원을 운영하고 있다. 서울 강동구에 마지막으로 입성했는데 강동구로 부지를 결정하고 병원 건물을 지을 당시 한 가지 문제가 발생했다. 바로 기존 건물의 세입자들이었다. 이발소, 동물병원, 프랜차이즈 업체, 철강 판매업 등이 있었는데 하루아침에 쫓겨난 경험이 여러 차례 있던 나는 그들이 계약기간을 다 채우고 다른 곳으로 이전할 때까지 기다려 주었다.

그런데 1층에서 면적을 크게 차지하고 있던 철강 판매업자가 문제였다. 이전 비용으로 4,000만 원을 요구한 것이다. 전문가에게 자문을 구했더니 철근을 운반하는 크레인 이전 비용은 500만 원이면 충분하다는 답을 들었다. 바로 철강 판매업자에게 요구한 금액이 너무 많아 1,000만 원으로 합의하자고 하니 그는 버티기 작전에 들어갔다. 나는 할 수 없이 양도 소송을 냈고 소송을 낸 지 9개월 만에 법원에서는 2,500만 원을 철강 판매업자에게 지불하라는 판결을 냈다. 그가 요구한 4,000만 원과 내가 지급하겠다고 한 1,000만 원의 중간 가격으로 보인다.

몹시 후회가 됐다. 소송으로 인해 시간은 시간대로 잡아먹고, 소송에 들인 비용 500만 원뿐 아니라 9개월 만에 철근 가격이 2배 이상 올라 추가로 병원 공사에 1억 원의 돈을 더 내야 했기 때문이다.

다시는 해선 안 될 실책이었다. 이 경험으로 깨달은 것은 시간에도 분명 가격이란 것이 있으며 승자와 패자가 갈리는 승부가 존재한다는 점이다.

철강 판매업 사장과 나와의 승부를 살펴보자. 각자 시간으로 벌어들인 가격을 보면 나의 완패다. 철강 판매업자는 9개월 만에 자신이 제시한 금액의 60% 가까이 받았고, 나는 건축이 늦어짐에 따라 현금 손해만 1억 원이 더 되었다. 병원 개원이 늦어져 벌지 못한 돈까지 생각하면 몇 배 더 큰 손해였다. 시간을 방치하거나 잘못 사용하면 엄청난 손실을 불러올 수 있다는 교훈을 그때만큼 뼈저리게 경험한 적이 없다.

그러니 시간을 잘 활용하여 얻은 이익(플러스극)만큼 잘못 사용해서 입게 되는 손실(마이너스극)에 대해서도 살피는 습관을 지녀야 한다. 그래야 손쉽게 '시간-부의 법칙'을 달성할 수 있다.

시간을 부로 이동시키는 법

부자가 되려면 '시대의 톱니바퀴에 맞는 목표 설정'이 무엇보다 중요하다. 여기서 말하는 시대의 톱니바퀴에 맞는 목표란, 자신이 몸을 담그고 사는 세상에서 기꺼이 비용을 지불하려는 일, 아니면 가장 높은 값을 지불하는 목표를 의미한다.

부자를 꿈꾸는 사람들이 많은 것에 비해 '시간을 부로 이동시키는 방법'에 대해 아는 이는 많지 않은 것 같다. 두 사람이 똑같이 1시간 동안 일을 한다고 했을 때 A는 100원을 벌지만, B는 1,000원을 번다. 열 배 차이다. 스펙이며 능력치가 같다고 가정할 때 왜 두 사람의 수

입은 열 배나 차이가 나는 걸까? A와 B의 작업 능률이나 경쟁력에서 답을 찾으려 하는 사람은 부자가 되는 데 다소 시간이 필요해 보인다. 답은 A와 B가 만들어내는 상품의 가격 차이에 있다. 5,000만 원짜리 자동차를 생산하는데 1시간을 쓰는 사람과 100만 원짜리 자동차 블랙박스를 생산하는데 1시간을 쓰는 사람의 수입 차이는 클 수밖에 없다. 그래서 산업 선택이 직업 선택에 있어서 굉장히 중요하다.

만약 자동차나 배, 반도체나 바이오와 같이 고수익 창출이 가능한 분야에 진입하지 못한다면 '시간의 몸값'을 올리는 일에 집중해야 한다. 회사에서 주력 사업이나 상품을 만드는 부서로 자리를 옮기거나 아니면 그 부서를 지원하는 팀에라도 들어가도록 힘써야 한다. 핵심 분야의 경력을 쌓아야 좋은 조건으로 자리를 옮길 수 있고, 더 멀리 보면 자기 사업을 운영할 때의 기반이 될 수 있다.

취업 준비생이라면 회사를 고를 때 이 부분을 고려해야 한다. 이제는 100시간 동안 열심히 일하는 것보다 1시간을 일하더라도 그 가치를 100배로 만드는 일이 훨씬 중요한 시대다. 이런 시스템을 만들어 놔야 체력과 생산성이 떨어지는 나이가 되어도 이전과 비슷한 수준의 성과를 낼 수 있다.

학력에서
경력으로 건너가라

시간은 나에게 있어 인생의 러닝메이트Running Mate나 다름이 없다. 일종의 동반자 개념으로, 어떻게 시간을 최대한 활용하느냐가 내 삶의 중요한 목표가 되기 때문이다.

의대에 막 입학한 나는 캠퍼스 생활을 즐기는 것은 뒤로하고 등록금을 해결하기 위한 사업 착수에 들어갔다. 바로 고등학생을 대상으로 하는 그룹 과외와 학원 운영이다. 의대를 다녔던 7년은 물론 졸업 후에도 1년 동안 학원 운영에 전념했다. 의대생이라 공부만 하기에도 빠듯했지만 '먹고사는 문제'가 더 중요했다. 등록금을 벌어야 의대를 다닐 수 있기에 늘 학원 운영이 1순위였고, 의대 공부는 2순위였다. 그래도 의사가 되기 위해 과외와 학원을 운영하는 것이어서 나는 시간 관리를 철저히 하려고 노력했다.

처음 1년은 고3 학생 4명을 그룹 과외로 지도했다. 그러다 화양리에 서울대생 그룹 과외 학원이 있는 것을 보고 나는 약수동에 '서울대생, 연세대생 과외지도 학원'이라는 이름으로 학원을 차렸다. 창업 자금이 넉넉지 않아 허름한 건물 2층을 얻어 시작했는데 문제는 전화기 설치 비용이었다. 그때만 해도 전화기를 들여놓기 위해서는 30만 원이나 되는 비용을 내야 했다. 당시로써는 엄청난 금액이었다.

일단은 학원 건물 1층에 입점한 낚시가게의 전화를 빌려 사용했다. 그런데 문제는 주말이었다. 낚시 손님들이 주말에 몰리는 탓에 아저씨가 우리 학원으로 오는 전화까지 받아줄 여유가 없었던 것이다. 안되겠다 싶어 큰마음 먹고 전화기를 들여놓고, 광고 전단지를 뿌려 학생 모집에 들어갔다. 어렵게 시작해 학원을 운영한지 1년 정도가 되었고 전용 전화기를 가졌다는 사실만으로도 날개를 단 듯했지만, 좀처럼 학생이 몰려들지 않았다.

학력보다 경력이다

'뭐가 문제인 걸까?' 고민하다 학생들에게 직접 들어보기로 했다. 그래서 찾아낸 답은 강사진이었다. 강사들을 명문대 재학생으로 뽑은 것이 패착이었다. 다들 재학생이라 중간고사와 기말고사 기간에는 본인

공부를 하느라 학생 지도를 뒷전으로 둔 것이다. 심지어 시험 기간에는 학원에 나오지 않은 강사도 있었다.

순간 아차 싶었다. 학원 사업에서 강사진은 필수 무기와 같다. 좋은 대학을 나온 실력 있는 강사에게 자녀의 학업을 맡기고 싶은 부모의 마음은 당연하다. 하지만 강사의 학력보다 중요한 것은 학생 지도에 대한 열정과 의지다. 그제야 현실을 깨달은 나는 '다시 해보자'라는 마음으로 학원 강사를 직업으로 하는 지원자로 팀을 꾸리기 시작했다. 신문 광고를 내 강사 모집에 나섰고, 면접 시 10분 정도 모의 수업을 진행해보도록 했다. 우리 학원이 아직 유명하지 않아 같이 커갈 수 있는 강사들로 꾸렸는데 이때부터 조금씩 학원이 안정화 궤도에 들어서게 되었다.

이쯤에서 스펙에 대해 이야기를 해볼까 한다. 한국 사회에서 강력한 힘을 자랑하는 스펙이라고 한다면 단연 '학력'일 것이다. 부정할 수 없는 진실이다. 하지만 학력의 힘에도 유통기한이 존재한다는 것을 아는가. 아무리 유기농 채소라 하더라도, 세계에서 인증하는 슈퍼 푸드라 할지라도 유통기한이 임박하면 떨이 취급을 받듯 학력도 그렇다. 의대 교수로 재직 중인 선배나 동기와 만나도 '서울대가 핵심 역량인 친구는 받고 싶지 않다'라는 식의 뼈 있는 농을 던지곤 한다. 깊이 공감한다.

우리 병원은 신규 채용되어 대장항문외과 수련을 받는 의사들에게 처음 6개월 정도 해부학과 생리학, 각종 이론, 수술 수기 등 공부를 혹독하게 시킨다. 그래야 자기만의 수술법을 창안해 낼 수 있기 때문이다. 어차피 대학병원에서 가장 좋은 의사를 뽑아가고 그다음이 전문병원이니 훈련으로 일류를 만들어야 한다.

나는 운동선수로 치면 이류 선수를 뽑아 일류 선수로 만들어 써야하는데 그 일에 재능이 있을뿐더러 큰 보람을 느낀다. 트레이닝을 시켜 이류를 일류로 만드는 것이 충분히 가능한 일임을 체감하고 있기 때문이다. 이걸 가능하게 하는 것은 오직 맹훈련뿐이다. 학원을 운영할 때도 마찬가지였다. 삼류 선생을 뽑아 일류, 적어도 이류 강사 정도는 만들어야 했다. 훈련을 통해 일류로 만드는 것이 나만의 인재육성법이자 철학이다. 의사뿐만이 아니다. 양병원의 고졸 일반 직원도 모두 방송통신대학교나 사이버대학교를 다닐 수 있게 지원해 10년 후엔 대졸로 만들어 주겠다고 선언했다.

완벽한 시작은 아무런 힘이 없다

많은 젊은이가 경력을 쌓고 싶어도 갈 곳이 없다고 하소연한다. 첫 진입 장소로 대기업이나 공기업 밑으로는 생각하지 않는 이들일수록 '경력의 문'을 열지 못하는 것 같다. 시작이 반이나 되니 괜찮은 직장이 아니면 백수를 택하겠다며 5년째 자리를 못 잡은 지인의 아들이 생각난다. 5년째 운동화 끈만 매는 것이다. 과연 이게 올바른 선택일까?

출발선이 만족스럽지 않더라도 일단 스타트를 끊는 것이 중요하다. 완벽한 시작은 판타지일 뿐 현실에서는 아무런 힘을 쓰지 못한다.

완벽한 시작을 위해 운동화 끈만 매기보다는 일단 뛰면서 다다르는 '일의 중간 지점'까지라도 가보는 것이 훨씬 중요하다.

일단 시도하면 뭐라도 만들어진다. 그리고 그것을 디딤돌로 하여 자신이 원하는 곳으로 점프를 해도 늦지 않다. 설사 타 업종으로 이직하게 되어 그간의 경력을 인정받지 못하더라도 회사는 '사회생활'을 한 것에 의미를 두고 당신을 채용할 것이다.

30년 이상 직원들을 고용한 CEO로서 해당 분야의 경력 플러스 사회생활 경험의 합이라면 서울대도 거뜬히 이길 수 있다고 자신 있게 말할 수 있다. 일류대학 졸업장만 가지고 온 지원자와 일류대학 출신이 아니어도 대장내시경 하나 만큼은 월등히 잘한다는 지원자가 있으면 나는 고민도 하지 않고 두 번째 친구를 채용한다. 아마 다른 분야의 오너도 나와 같은 기준으로 채용을 결정할 것이다. 그러니 더는 머뭇거리지 말고 경력의 문을 열어야 한다.

66

완벽한 시작은 판타지일 뿐

현실에서는 아무런 힘을 쓰지 못한다.

완벽한 시작을 위해 운동화 끈만 매기보다는

일단 뛰면서 다다르는 '일의 중간 지점'까지라도

가보는 것이 훨씬 중요하다.

i'm possible

운명을 바꾸는 한 번의 선택은
판타지일 뿐이다

여러 시행착오를 겪기는 했어도 점차 학원이 안정화되자 나는 중간
지점에 다다를 때쯤 한 번 멈췄다. 지금껏 만들어진 성과를 살핀 후
다음 단계로 진입할 열쇠를 찾기 위해서다. 한 단계 성장할 key는 학
생들의 실력 향상으로 잡았다. 나는 곧장 시장으로 달려가 서른 개의
바구니를 구입했다. 족집게 강사가 되기 위한 나만의 도구 발굴이었
던 셈. 당시 수학은 내가 지도했는데 매년 직접 3권의 책을 만들어 사
용했다. 서울대반 1권, 연고대반 1권, 예비고사 대비 1권. 그 당시는
대학마다 입학시험이 있었다. 50여 개 대학의 입학시험 기출문제를
단원별로 분류해서 책을 만들었다. 시간이 턱없이 부족한 의대생임에

도 직접 책을 만들 수 있었던 비법은 시장에서 사 온 형형색색의 바구니 30개를 바닥에 까는 것이었다.

"원장님, 이 바구니가 다 뭐예요?"
"족집게 바구니야. 내가 입학시험 기출문제들을 단원별로 분류해서 바구니에 담으면 그걸 다 묶으면 돼."
"네, 알겠습니다."

미분 단원을 예를 들면, 여기에는 함수의 극한, 변화율과 도함수, 접선, 함수의 극대·극소, 최대와 최소와 같은 세부 단원들이 있다. 이 단원에서 지금까지 출제된 문제가 어느 단원인지 분석한 다음 분석할 때 사용한 참고서와 문제지를 오려 '미분 바구니'에 나눠 담는 식이다. 그해의 대입 기출문제집도 같은 방식으로 분류해서 배열해놓으면 직원이 모아서 풀로 붙인다. 그런 다음 필경사에게 쓰게 하고, 이를 복사한 후 제본하면 책이 완성된다. 이렇게 하여 우리 학원만의 비기祕技가 만들어졌다. 다른 과목도 같은 방식으로 만들었는데 영어 문제집이 가장 손이 많이 갔다. 담당 선생님이 서른 개의 바구니에 내용물을 채우면 직원이 영어 지문 하나하나를 타이핑 쳐 문제집을 만들어야 했기 때문이다. 특히 영어는 단어가 중요하므로 스펠링에 오타가 없는지 몇 번이고 확인한 뒤에 풀칠 작업에 들어갈 수 있었다.
국어도 같은 방식으로 문제집을 만들었는데 큰 힘이 된 분이 이정회 선생님이다. 국어는 타 과목과 달리 형태가 없는 것처럼 보이는 학문이다. 과학이나 수학을 잘하는 학생들 중 유독 국어를 어려워하는 것도 그러한 이유 때문이다. 그런데도 이정회 선생님은 현대문학, 고전문학, 수필, 시, 국문법 등 각각의 장르를 형태로 만들어 학생들을 지도했다. 그 결과 대부분의 학생이 예비고사 50점 만점 중 40점 이상을 받았다. 수학을 가르친 나는 전원을 44점 이상으로 만들었다. 학생들의 성적이 향상되자 학부모들 사이에서 입소문을 타면서 학원 운영에 더욱 가속도가 붙었다. 그러자 또다시 주변에서 말들이 올라오기 시작했다.

좋은 선택은 좋은 질문이 만든다

"2년만 더 해서 관인학원으로 키우면 개원의 수입보다 10배 이상은 될 텐데, 의사할 생각이 나겠어?"
"둘 중 하나만 해야 하지 않나? 생각 잘 해야 해."

이런 우려 섞인 충고가 자주 들렸다. 일리 있는 지적이었다. 날 생각하는 마음에서 나오는 말인지라 주변의 이야기들이 점점 신경 쓰이기 시작했다. 처음에는 주변에서 뭐라고 하건 말건 개의치 않았다. 그러다 점차 들려오는 이야기가 많아지고, 학원 운영이 잘 되자 나 스스로 '의대가 내 머리맡을 막는 유리 천정이 아닐까?'라는 생각이 들기 시작했다.

사실 의대를 졸업한 1980년에도 바로 인턴을 하지 않고 학원을 2~3년 더 운영한 뒤 인턴을 하겠다고 마음먹었다. 당장 눈앞에 성과가 보이니 놓기 아까운 마음이 들었고, 가난도 지긋지긋했기에 돈을 벌어 경제적으로 안정된 후 수련을 하고 싶었다. 사람 마음이 이처럼 간사하다. 그러자 내가 의대를 졸업한 걸 알고 계신 은사님이 "형규야, 지금 루비콘강(돌이킬 수 없는 지점)을 건넌 거야. 2년 후엔 학원 규모가 몇 배는 커질 텐데, 다 내려놓고 인턴을 할 수 있을까?"라며 걱정스러운 눈빛으로 조언해주셨다. 이대로는 안 되겠다 싶었다. 뭔가 결단을 내려야 할 때라고 생각해 혼자만의 동굴로 들어가 고민하는 시간을 가졌다.

'나란 사람의 선택 기준은 무엇인가?'
'후회하지 않을 선택은 무엇인가?'

돈, 힘, 명예, 생존, 장남 역할, 자기만족, 성공한 사업가 등 여러 요인을 나열한 뒤 하나하나 대입시켜 나갔다. 그래서 찾아낸 답이 '영향력'이었다. 그렇다! 내가 하는 공부와 하는 일들이 많은 이에게 영향력이 미쳐지기를 바란다. 동시에 '아낌없이 주는 나무'가 되고 싶다는 또 다른 소원도 확인할 수 있었다. 남들이 보기엔 유치한 발상이라고 여길지 모르나, 난 열매가 얼마나 열리든 상관없이 가급적 많은 이에게 과실을 따서 나눠주고 싶다. 이것만이 나를 신명 나게 만든다.

'나와 내 가족에서 우리'로 대상을 넓히니 '높은 목표'가 필요했다.

높은 층에 올라가야 넓은 곳까지 볼 수 있듯 목표도 높게 잡아야 많은
이에게 영향력을 줄 수 있다는 연결고리가 저절로 만들어졌다.

한 번의 선택이란 존재하지 않는다

'학원인가? 의사인가?'라는 이분법 선상에서 고민할 때는 '당장 돈이
되는 학원' 쪽으로 기울었다. 하지만 '후회하지 않을 선택은 무엇인
가?'라는 포괄적인 질문으로 다시 접근하자 저절로 시선이 멀리 던져
지면서 한 치의 고민도 없이 의사로 기울었다. 다행스러운 일이었다.
외부 변수가 들이닥치기 전에 내가 먼저 의사 쪽으로 몸과 마음을 이
동시킬 수 있어서.

우리가 살면서 오랜 시간 공부하고 숱한 실패를 경험하는 것은 '선
택'을 잘하기 위해서다. '한 번의 선택이 운명을 좌우한다'라는 말을 주
의 깊게 새겨들어야 하는데 한 가지 오해하면 안 되는 것이 있다. '한
번의 선택'에 대한 오해가 그것이다. 여기서 말하는 한 번의 선택은 말
그대로 한 번의 선택이 아니다.

소위 이야기하는 운명을 바꿀만한 한 번의 선택 이전에는 무수
한 경험의 과정이 생략되어 있음을 알아야 한다. 다시 말해, 이 세상
에 한 번의 선택은 없다. 문을 열기 전에 수많은 계단을 올라가야 하
듯 선택이라는 문도 그렇다. 뭣도 모르고 이것저것에 도전해보고, 삽
질도 좀 하면서 수많은 일을 경험해야 한다. 겨울에 붕어빵 장사라도

해보면 사업에 필요한 모든 프로세스를 경험하게 되어 나름대로 얻어지는 것이 있다. 한 세 계단 정도 오를 수 있는 경험치 정도는 될 것이다.

선택 장애의 또 다른 말은 '경험 부족'이다. 다양한 경험만이 자신의 인생을 바꿀만한 선택의 문으로 등을 떠밀 수 있음을 기억해라.

한 가지 계산법을 일러주면, 아르바이트가 됐든 인턴이 됐든 경험 하나당 세 계단씩 잡아라. 열 개의 경험을 쌓으면 무려 서른 개의 계단에 오르는 사람이 된다. 그러고 나면 서른 개의 계단을 오르고 나서 하는 선택과 세 계단 오르고 나서 하는 선택은 질적으로 분명 차이를 보일 것이다.

한 번은 가족에 대해
의사결정을 내려야 한다

멀리 보고 선택해야 할 것들 중 먼저 '경력'을 꼽았는데 그다음으로 생각해야 할 것이 '가족'이다.

앞서 말했듯이 나는 의대를 졸업한 후 곧바로 인턴과 레지던트 과정에 뛰어들지 않았다. 안 그래도 학원 운영과 관련해 여러 말들이 많았는데, 이참에 학원에만 전념한다고 하니 주변에서 염려가 많이 됐을 것이다.

"의대 졸업까지 한 놈이 무슨 놈의 학원이야?", "인턴 과정이 먼저지! 이건 아니야"라는 이야기를 은사님과 동기들에게 하루걸러 들어야 했다. 그때의 나는 일일이 대꾸할 여유가 없었다. 학원에서 강의하랴, 운영하랴 바쁘기도 했지만 그보다 학원이 잘 돼야 '먹고사는 문제'가 해결되고, 두 동생의 대학 공부를 시킬 수 있었기 때문이다.

특히 바로 밑의 동생은 당시 어느 집에나 있었던 장남에게 밀려 공부를 포기하는 둘째의 서사를 따라야 했다. 의대를 다니는 나 때문에 일반고 대신 공고로 진학한 것이다. 나는 '공부머리가 있는 놈인데 나 때문에 희생하게 두는 것은 안 되겠다' 싶어 그룹 과외를 할 당시 첫째 동생을 그 그룹에 합류 시킨 뒤 끼고 가르쳐 한양대학교 공과대학에 입학시켰다. 지금 와 생각하면 후회가 된다. 동생 실력은 경희대나 중앙대 의대 입학도 가능했었기 때문이다.

사실 내가 학교에 시험을 보러 가면 나 대신 학원을 책임지고 관리할 터줏대감 역할을 하는 사람이 학원에 와 있어야 했는데, 첫째 동생이 이 역할을 담당했다. 만약 둘 다 의대생이었다면 시험 기간이 겹쳐 학원 운영에 난항을 겪었을 것이다. 그런데 이 부분이 두고두고 가슴에 남았다. 막냇동생인 복규도 첫째 동생에게 했던 것과 똑같이 끼고 가르쳐 홍익대학교 전기과에 입학시켰다. 복규 덕분에 병원을 개원할 때마다 건축과 인테리어에 도움을 많이 받았다.

가족이라는 등짐에 대하여

회진을 돌며 환자의 컨디션을 점검하던 중 유달리 풀이 죽어 있는 젊은 환자와 마주한 적이 있다. 내가 "무슨 일이 있냐?"라고 묻자 돌아오는 그의 대답은 이렇다.

"집에 무슨 일이 생겼는데 혼자만 편히 입원해 있어서 마음이 불편해요."

병원비도 스스로 번 돈으로 내는 것인데 그 돈을 집에 보내주지 못해 미안하다는 것이다. 그 마음이 예쁘기도 하고 예전의 나를 보는 것 같아서 신경이 쓰였다. 이 친구 말고도 집안 형편 때문에 본인의 길만 생각할 수 없는 젊은이들이 상당히 많을 것이다. 그래서 이참에 후츠파 정신이고 뭐고, 오로지 내 욕심만 챙길 수 없는 청춘들에게 해주고 싶은 말이 있다.

살면서 언젠가 한 번은 자신이 가족 안에서 어떤 역할을 할 것인지 의사결정을 내릴 필요가 있다. 가족과의 관계 설정은 인생에서 매우 중요하기 때문이다. 그런 시간을 한 번은 거친 후에 인생을 출발시켜야 한다. 나야 무턱대고 '순리대로 살아가자'라고 생각해 책임을 다했지만, 지금이 그런 시대도 아니고 설사 가족을 짊어지는 선택을 하더라도 한 번쯤은 가져야 할 시간이다.

한번은 자신을 '개용남(개천에서 용이 된 남자)'이라고 소개한 후배 녀석이 벌겋게 달아오른 얼굴로 나에게 질문을 했다.

"선배님, 우리 집에서는 저 혼자만 성공했어요. 점수로 치면 한 80점. 그런데 가족들 모두 그럭저럭 살아요. 말하자면 제 기능을 못 해요. 만약 가족 점수와 제 점수를 합쳐서 평균을 내면 전 50점 밑으로 떨어질 거예요. 그렇다고 가족을 보살피지 않을 수도 없잖아요."

처음에는 이 말이 무슨 뜻인지 잘 알아듣지 못했다. 나로선 상상조차 할 수 없는 계산이었으니까. 한참 뒤에 무슨 얘기인지 알아들은 후 후배에게 질문을 던졌다.

"네 말은 너 혼자만 놓고 보면 경쟁력 점수가 80점인데 가족을 갖다 붙이면 50점 이하라는 거지?"

"네."

"네가 정한 기준이라는 것이 경제적 가치, 자본주의 관점에서의 가치일 텐데, 맞아?"

"네."

"그럼 기준을 바꾸면 되겠네. 윤리적 기준으로 보면 두 점수가 바뀌게 되니까. 너 혼자만 잘났다고 얘기하고 다니면 50점 이하가 되지만 가족과 함께하면 90점은 족히 넘겠어."

"그건 그렇지만……."

"세상이 돈으로만 돌아가는 줄 알아? 어디 나가서 '저는 가족들을 모른 척했지만 엘리트예요'라고 떠들어봐. 누가 거들떠나 보나. 세상이 180도 변했다 해도 가족에 대한 정서가 그 정도로 변하진 않았어. 똑똑한 사람이 왜 하나만 알고 둘은 몰라?"

"제가 모르는 게 뭔데요?"

"너 자신에게 매긴 80점도, 가족을 포함해서 매긴 50점도 모두 네 기준에 의한 점수야. 이건 너만이 결정할 수 있어. 만약 누군가가 네 가족을 들먹이며 너에게 50점밖에 안 되는 놈이라고 하잖아? 그럼 그 사람부터 정리해. 그리고 집에 가서 자신의 인생을 다시 한번 돌아봐.

'내가 사람 보는 눈이 까막눈이었구나!'라고. 네가 탓할 것은 가족이 아니라 너에게 그런 생각을 주입시킨 대상들이야. 거기에 너 자신도 포함시켜."

"잘 알겠어요."

가족은 죽을 때까지라는 말

후배와 대화를 마치고 돌아오는 길에 과외 금지법이 발효되던 때가 생각났다. 1980년, 7월 30일을 기점으로 하도 과외, 학원 등 사교육이 기승을 부리니 정부가 나서서 철퇴령을 내린 것이다. 그룹과외로 2년, 학원으로 6년, 젊음과 열정을 다 바쳐 일궈놓은 학원의 수입이 웬만한 의원보다 더 좋았지만, 정부 결정이니 학원이 잘 된다 해도 계속해나갈 순 없었다. 의사의 길에 대해 고민하던 중 이런 현실까지 맞게 되니 결정하기가 쉬워졌다. 학원 문을 닫은 나는 성동보건소에서 촉탁의로 6개월간 일한 뒤 다음 해에 세브란스병원에서 인턴과 레지던트 과정을 밟기 시작했다.

새삼 외부 리스크로부터 자유로운 직업이라는 점에서 의사가 좋다는 생각이 듦과 동시에 첫째 동생에 대한 미안함이 상기되었다. '동생도 의대를 보냈더라면 쉽게 자리를 잡았을 텐데'라는 생각이 또다시 들었다. 내가 이 말을 반복하니까 한 선배가 나를 붙잡고 말을 꺼냈다.

"형규야! 가족은 죽을 때까지야. 삶의 방향에 끝이 어디 있냐? 죽기 전까지 가다가 마는 것이 인생이야. 가족도 그래. 가족도 죽기 전까지 잘했다 잘못했다를 말할 수 없는 거야. 사는 중간에는 뭐라고 말할 수 없어."

선배의 말은 큰 힘이 되었다. 현재 가족에게 못한다는 죄책감 때문에 혹은 가족이 짐 같아서 고심 중인 누군가에게 이 말을 전해주고 싶다. 다만, 지금 진로를 결정하고 사회에 나와 자리를 잡아가는 중이라면 '혼자 몸뚱이'만 생각해도 괜찮다. 이런 결정을 내려놓아야 수시로 떠오르는 죄책감 때문에 자신의 길을 포기하거나 결정적인 기회 앞에서 주춤거리지 않을 수 있다.

일단 '자리를 잡고 나서 가족에게 잘하자'라고 생각하자. 이런 생각은 결과적으로 모두에게 좋다. 뭐든 할 때 확실히 해둬야 이후의 삶이 편안해진다.

그러거나 말거나 정신의 힘

"교수님, 일본은 벌써 노벨생리의학상을 여러 명 탔는데 우리나라
는 단 한 명도 없어요."

"가만있어 보자……. 언제쯤 가능할까? 1억 달러 정도의 후원비만
있으면 우리도 할 수 있다."

"하하하"

연세대 의학박사 학위과정 중에 한 달에 한 번 세미나가 있었는데,
끝나고 나면 늘 다같이 식사를 하곤 했다. 그때 나의 은사님, 즉 의대
와 박사과정 지도교수이셨던 강두희 교수님과 나눈 대화 내용이다.

은사님은 내 전매특허인 불가능한 꿈을 불쑥불쑥 던지는 스타일을 알고 있던 터라 무례하게 생각하지도 놀라지도 않으셨다. 벌써 34년 전의 일이다.

노벨상은 매년 문학, 화학, 물리학, 생리의학, 경제학, 평화 6개 부문에 대해 인류에 공헌한 사람이나 단체에 수여하는 상이다. 일본의 경우 6개 부문 중 5개 부문에서 25명의 수상자가 나왔다. 외국 국적의 일본인까지 더하면 28명이나 된다. 반면 한국은 2000년 노벨평화상을 받은 김대중 전 대통령이 유일하다. 매년 노벨상을 받지 못해 탄식하고, 올해는 노벨상 수상자가 나오지 않을까 하는 희망 섞인 언론 보도가 나오기도 하지만 늘 허탈하게 막을 내린다.

물론 우리가 노벨상을 받지 못했다고 해서 일본을 비롯한 노벨상 수상국들보다 발전이 느린 것은 절대 아니다. 이미 한국은 문화적으로 세계를 선도하고 있으며, 과학기술 분야에서도 세계에서 인정받고 있는 국가다. 하지만 노벨평화상을 제외한 부문에서 단 한 명의 수상자를 배출하지 못했고, 일본과 숙명적인 라이벌이라든가 일본만큼은 이겨야 한다는 민족의식 때문인지 노벨상에 집착하게 되는 건 어쩔 수 없다.

내가 하도 노벨상 타령을 하니 지인들은 "양 원장, 그 정도면 '노벨상 신드롬'이라는 병에 걸린 것 아니냐"라며 핀잔을 준다. 내가 말도 안 되는 것을 가지고 고민하자 오지랖이 넓다고 생각하는 모양이다.

하지만 이럴 때 필요한 것이 '그러거나 말거나 정신'이다. '그러거나 말거나 정신'은 단번에 주변의 소음으로부터 꿈을 지켜주는 후츠파 정신의 슬로건이기도 하다. 지인들 말을 무시하라는 것이 아니다. 괜히 남의 말에 휘둘려 꿈을 하향 조정하거나 수포로 돌리는 행동 대신 자신만의 뚝심을 가지라는 뜻이다.

자신을 낮은 위치에 두지 않는 후츠파 정신

"사회성이 좋은 것과 목표를 하향 조정하는 것은 아무 관련이 없다."

후츠파 정신만큼 내가 자주 하는 말이다. 내 본래 성격상 주변에서 뭐라고 해도 '그러거나 말거나 정신'으로 웃어넘기고 원하는 대로 밀고 나가는데, 가끔 보면 남의 눈치를 살피다 못해 용기 내어 꺼낸 목표를 다시 주워 담는 친구들을 볼 때가 있다. 그래서 '남의 말에 대처하는 자세'에 대해 한 번쯤 이야기하고 싶었다.

꿈의 가장 큰 적은 나의 게으름이나 무능력이 아니다. 시시때때로 들리는 '남의 말들'이다. 남의 말에 어떻게 대처할 것인가를 두고, 의사결정을 내려놓는 일은 아주 중요하다. 한 가지 힌트를 주면 그들은 정작 내가 꿈을 이루면 제일 먼저 달려와 축하 인사를 건넬 것이다. 손바닥 뒤집듯 바뀌는 그들의 말에는 어떠한 책임감도 찾아보기 힘들다. 그러니 과감히 무시하라.

1941년 철학자 에리히 프롬Erich Pinchas Fromm은 《자유로부터의 도피》라는 책을 냈는데, 만약 그가 오늘날 이 책을 출간했다면 '아무짝에도 쓸모없는 참견으로부터의 도피'로 제목을 바꿔서 냈을 것이다. 그만큼 현대인의 자유를 억압하는 것은 '타인의 말'이다.

일본의 대학교수인 사이토 다카시의 《혼자 있는 시간의 힘》이라는 책을 보면 "자신에 대한 기대가 높은 단독자單獨者는 담합으로 자신의 입찰 가격을 낮게 책정하지 않는다. 오히려 높게 책정한다"라며 단독자의 포부에 대해 밝혔다. 이것이 바로 후츠파 정신이다.

괜히 주변 사람과 어울리고 그들의 비위를 맞추기 위해 자신의 가치를 하향 조정하지 마라. 스스로 나의 가치를 낮추는 것은 세상에서 가장 바보 같은 짓이다. 내가 하는 일에서 성공하면 그들이 먼저 나에게 달려오게 되어 있다. 나는 철거를 세 번 당해 손에 아무것도 쥔 게 없는 상태에서 의대에 진학하고 지금의 모든 것을 이루었다. 나의 모토는 '불가능에의 도전'이다. 앞으로는 더 큰 도전을 향해 나갈 계획이다. 그래서 나는 매년 꿈을 상향 조정하고 구체적인 행동으로 옮겨 나갈 목적으로 버킷리스트를 작성한다.

큰 목표만 주워 담는 버킷리스트의 힘

버킷리스트Bucket List에서 버킷은 '양동이, 들통이'라는 의미가 있다. 본래부터 시원하게 무언가를 담는 그릇으로 자잘한 것을 담는 것과는 거리가 멀다.

2012년 양형규의 버킷리스트			
1	영어 회화 능통하기	원어민과 주 1회 화상으로 대화하기	O
2	작가 데뷔하기	양병원 출판부에서 다수의 책 출간	O
3	세계적인 대장항문 학자 되기	전문서적 30권 이상 출판	△
4	북한에 나의 대장항문책 보내기	유통채널과 곧 만남	△
5	인도, 터키, 아프리카, 독일 여행 다녀오기		△
6	Good Doctor's 운동	무료 수술 지원	△
7	불우한 자녀들 독립 지원	복사기, 자동차 기술 교육	×
8	요양마을 건립하기	서종면 땅 구입	△
9	암 수술 후 회복병원 건설		△
10	2개월 휴식	(이루기 힘든 꿈이지만 하고 싶다)	×
11	검진센터 프랜차이즈 만들기		×
12	다이어트하기	8kg 감량 성공, 계속하는 중	△
13	주말 등산		O
14	대장항문학회 회장 시 학회 SISCP 만들기	대한대장학문학회 수석 부회장으로 끝남. 회장을 하지 못함.	×
15	한국의 의과대학 양성항문질환 강의 양병원에서 50% 이상 하기	교재 편집	×
16	양병원 의사들 연구 분위기 조성	해외 연수 보내기	△
17	양병원 의사들 전문서적 1권 이상씩 출간		×
18	강동구에 직업훈련소 건립	구청에서 땅 대여	×
19	양병원 중축		△
20	기부		△
21	양병원 25주년 사 발간	집필 완료	O
22	대학 세우기	AI 대학원대학 건립 추진 중	△
23	화가 양성에 힘쓰기, 미술관 건립	시도 중	×

이 리스트의 백미는 생애를 통틀어 자신에게 가장 중요한 꿈 혹은 삶의 우선순위를 배열해주는 데 있다. 다들 알다시피 버킷리스트는 죽기 전에 하고 싶은 목록의 배열표가 아니던가.

'하고 싶은 것' 앞에 '죽기 전에'를 붙임으로써 가벼운 목표는 치워지고, 대신 굵직한 것들을 놓게 만드는 것. 이것이 내가 버킷리스트를 매년 작성하는 이유다.

작은 꿈을 이룰 때도 모든 프로세스를 거쳐야 한다. 그러니 여기에 조금만 더 투자하여 '큰 꿈을 노리는 전략'이 훨씬 가성비 있는 인생 운영 방법이다. 왼쪽은 내가 2012년에 기록한 버킷리스트다.

66

꿈의 가장 큰 적은 나의 게으름이나 무능력이 아니다.

시시때때로 들리는 '남의 말들'이다.

남의 말에 어떻게 대처할 것인가를 두고,

의사결정을 내려놓는 일은 아주 중요하다.

한 가지 힌트를 주면 그들은 정작 내가 꿈을 이루면

제일 먼저 달려와 축하 인사를 건넬 것이다.

손바닥 뒤집듯 바뀌는 그들의 말에는 어떠한 책임감도

찾아보기 힘들다. 그러니 과감히 무시하라.

버킷리스트에서
세모가 핵심이다

다음은 2020년에 작성한 나의 버킷리스트다.

해마다 버킷리스트에 20개 정도의 목록을 적은 다음 실천한 항목은 ○, 진행 중이면 △, 시작조차 못 했으면 ✕로 표기한다. 각각 시제로 표현이 가능한데 동그라미는 과거, 세모는 현재, 엑스는 미래가 된다. 이 중에서 중점을 두는 것은 단연 세모다. ○는 이미 달성했으므로 지워야 할 목록이고, ✕는 앞으로 하면 될 일이니 역시 비중을 높게 두지 않는다. 하지만 △는 한창 심혈을 기울여 진행 중인 만큼 '현재'를 중요하게 여기는 나로선 중점을 둘 수밖에 없다.

버킷리스트를 매년 작성하다 보니 전년도에 이루지 못한 채 넘어오는 이월 항목이 있는데 주로 ×와 △에서 나온다.

먼저 × 항목에 대해 '왜 시작조차 못 했을까?'라고 자문하다 보면 내 마음이 해당 항목과 거리가 멀다는 점을 깨닫는다. 세계 여행, 두 달 휴가 다녀오기 등이 대표적인 케이스. 아직 이루고 싶은 것들이 많아 휴가는 훗날로 미뤄두었다. 그러나 자신을 격려하는 차원에서 5번(암 수술 후 회복병원 건립), 7번(양 바이오 사업), 9번(미술관과 AI 카페 건립)만 성공시키면 조금 쉬다 오고 싶다.

△는 연내에 이루기 힘든 항목이 이월된 경우다. 국토부와 교육부의 승인을 받아야 하는 AI 대학원대학 건립이라든가, 북한에 의료서적을 보내기 위해 유통채널을 찾는 데 시간이 걸리는 항목이 대표적이다. 이런 일들은 단계를 밟아나가는 중이므로 이월이 돼도 상관하지 않는다. 단, 한 가지 조심하는 것이 있다. △에도 연차가 붙어서 어떤 것은 7년 차가 된 것이 있고, 4년 차가 된 것이 있다. 가급적이면 '5년 내'로 세모에서 동그라미가 될 수 있도록 속도를 낼 예정이다.

2020년 양형규의 버킷리스트

1. 양병원을 세계 5대 대장항문병원으로 만들기
2. 인류를 위해 인공 장루 괄약 마개 개발(Stomy Neosphincter)
3. 영어 회화(원어민과 대화 가능 수준)
4. 일본어 회화(원어민과 대화 가능 수준)

5. 암 수술 후 회복병원 건립

6. AI 연구소와 AI 대학원대학 건립

7. 양 바이오 사업(유해균과 유익균 개발 및 장에 좋은 Bio 제품 출시)

8. 대한민국 청년들을 위한 스타트업 '엔젤 프로젝트' 만들기

9. 미술관과 AI 카페 건립

10. 미술대학원대학 건립, 미술학도 키우기(영국의 사치갤러리가 키운 데미안 허스트처럼)

11. 일본의 스미코시 선생처럼 유명한 양성항문질환 의사 육성

12. 전문서적 영미권에서 출간(치핵, 치루, 치열, ATLAS, 수술도록)

13. 국제적인 대장항문 학자 되기, 30편 이상 항문질환과 관련한 논문 집필

14. 세계 여행하기

15. 한적한 장소에서 2개월 쉬다 오기, 멍 때리기, 산 하이킹, 보트 타기

16. 수도원에서 피정(일상에서 벗어나 수도원에서 묵상이나 기도를 드리는 일) 혹은 단기 출가

17. 국격 올리는 일에 미력하게나마 역할 하기

18. 양병원 직원들을 위한 사내 대학 만들기

19. 양병원 고졸 직원들 학사 만들기(방송통신대학교 병행 시 전액 장학금 / 사이버대학 병행 시 반액 장학금 지원, 출석 시 유급 휴가)

20. 나를 아는 사람들 조건 없이 도와주기

21. 한국 축구 부흥 프로젝트(유럽에 폐교 예정지 사서 훈련장으로 사용토록 함)

22. 블루셔츠 스위치(제조업 기술자들에게 영어 교육시키기)

23. 부동산 개발회사 설립(내 집 같은 전원주택 사업, 클리닉센터 개발)

동그라미가 늘어나면 인생이 재밌어진다

수학 분야의 노벨상이라고 불리는 필즈상을 동양 최초로 수상한 일본의 히로나카 헤이스케 교수는 《학문의 즐거움》이라는 저서를 통해 "꿈이란 참으로 이상하다. 실현하기에 불가능해 보일지라도 그것을 마음에 간직하고 있으면 은연중에 꿈을 이루어보려고 하는 힘이 생기거나 또 꿈을 갖고 있다는 사실만으로도 삶이 가치 있어 보인다"라고 말했다.

히로나카 헤이스케 교수는 꿈이 있어야 할 장소로 '은연중에'를 꼽았다. 아리스토텔레스는 "지금의 당신은 당신이 반복적으로 한 일의 결과"라고 말했다. 은연중에 반복해서 운동한 사람은 몸에 근육이 붙고, 한 분야의 책만 파고든 이는 해당 분야의 배경지식으로 무장하게 된다. 뭐라도 하다 보면 나만이 가질 수 있는 무기가 생겨난다.

꿈을 이루는 일은 대단한 품이 드는 것이 아니다. 가슴에 품고만 있어도 자기도 모르게 꿈과 관련한 것을 찾게 되고, 하다 보면 서서히 실체가 드러난다.

멈추면 보이는 것이 있다고 했던가. 반대로 달리면서 얻어지는 것도 있다. 그중에서 단연 1등이 '자신감'이다. 꿈을 목록화해 한 발 한 발 나가면 처음에는 말도 안 되는 꿈이라고 여겨지던 것이 '해 볼 만한 수준'이 되면서 자신감이 붙는다. 자신이 정말 이루고 싶은 목표. 예를 들면 암 환자는 암에서 회복되는 것, 사업가는 사업에서 성공하는 것을 노트에 매일 10번씩 쓰다 보면 어느새 이루어진다. 《행복경영》

의 저자이자 휴넷의 대표인 조영탁 씨는 "우리 회사를 연매출 10조 올리는 회사로 만들겠다고 매일 10번씩 썼어요. 4개월간 쓰다 보니 방법이 보이기 시작하더군요. 현재도 진행 중입니다"라고 이야기했다. 이렇게 조금씩 나아가며 다져지는 자신감은 어마어마한 바위도 들 수 있도록 도와준다. 혹시 아는가? 이전에는 상상조차 하지 못한 일들을 해내게 될지.

자신감을 갖기 위해서라도 남의 말에 신경 쓰는 대신 자신이 하고 싶은 일들을 목록화하여 그중에서 하나라도 진행해보자. 20개 중 2개만이라도 이룬다면 이전에는 자기 인생에 없던 두 개의 동그라미가 생겨나고, 5년만 지나도 무려 10개의 동그라미가 만들어진다. 그리고 그쯤 되면 흙수저든 무수저든 상관없이 자신의 인생이 괜찮게 느껴지고 행복해질뿐만 아니라 나를 염려하거나 기만했던 주변의 말들도 조용해지는 마법이 찾아온다.

66

은연중에 반복해서 운동한 사람은

몸에 근육이 붙고,

한 분야의 책만 파고든 이는

해당 분야의 배경지식으로 무장하게 된다.

뭐라도 하다 보면

나만이 가질 수 있는 무기가 생겨난다.

네가 노력을 혐오하는 동안 누군가는 뒤에서 달린다

고등학교 시절 운명학 책에 빠져들었던 적이 있다. 관상학, 명리학(사주학), 당사주 등의 책이 집에 있어 읽기 시작했는데, 그중에서 특히 관상학 책을 흥미롭게 읽었다.

지금도 기억나는 재미있던 일이 있다. 당대 최고의 풍수지리 대가이자 관상가인 지창룡 선생님의 사무실을 찾아가 만난 일이다. 고등학교 2학년 때 친구와 함께 방문했는데 돈도 받지 않고 상담을 해주셔서 기억에 남는다. 내가 김철안 선생님의 책으로 습득한 관상학과 지창룡 선생님께 들은 풍월을 조금 읊조리면 다음과 같다.

관상에는 크게 골상과 찰상이 있다. 골상이 뼈의 골격이라면 찰상은 얼굴 피부의 상이다. 안색이 '좋다', '나쁘다'라고 말할 때의 상이 바로 찰상이다. 뼈는 부모에게 물려받은 '선천적인 것'이라면 피부색은 노력을 기울이면 얼마든지 좋게 만들 수 있는 '후천적인 것'이다. 다행스러운 건 좋은 관상을 만드는 골상과 찰상의 비율이 3:7이라는 점이다. 뼈는 수술을 하지 않는 이상 우리가 바꾸지 못하지만, 안색은 좋은 상상을 하거나 공기 좋은 곳을 걷는 것 하나만으로도 충분히 좋아질 수 있다. 따라서 선천적으로 타고난 골상보다 자신의 노력으로 바꿀 수 있는 찰상이 더 중요하다.

예를 들어 눈썹 사이의 공간을 '미간'이라 부르는데 관상학에서는 '학당'이라고 부른다. 골상으로는 이곳이 두툼하게 나와 있으면 머리가 좋아 공부를 잘하고 많이 할 수 있는 운명으로 본다. 이와 반대로 움푹 꺼져 있으면 공부 운이 따라주지 않는다고 보는데, 설사 골격이 꺼져 있어도 찰색 즉, 피부색이 분홍색처럼 환하고 좋은 색이면 선천적으로 부족한 공부 운을 얼마든지 좋게 만들 수 있다.

관상학에서 골상은 '골격에 나타난 길흉화복의 상'을 이야기한다. 흔히 반항적인 성격이 있는 이를 두고 반골 기질이 있다고 표현하는데, 반골도 골상 중 하나다. 삼국시대 촉한의 정치가 겸 전략가인 제갈량이 마대에게 "위연은 반골 기질이 짙으니 내가 죽으면 반드시 죽여야 한다"라고 유언을 남긴 일화가 있다. 옛 시절, 반골은 임금을 배반하는 골격을 가진 자로 여겨져 반드시 축출해야만 했다. 오늘날에는 임금을 배반하는 골격까지는 아니어도 신의가 있는지 없는지, 의지가 강한지 약한지 정도를 가늠하는 척도로 골상을 본다. '지금은 잘

되더라도 나중에는 화가 될 것 같다', '남을 도와줄 마음이 있어 보인다', '큰코다칠 상이다' 등을 알 수 있다.

모두 알다시피 사주에는 연월일시가 있는데, 새벽 1시부터 3시까지를 '축시'라고 한다. 예를 들어 2020년 3월 10일, 축시에 태어난 사람이 100명 정도 있다고 해보자. 사주대로라면 이들의 운명은 같아야 말이 된다. 그런데 역사적으로 똑같은 운명을 가진 이는 한 명도 없다.

왜 한날한시에 태어났음에도 운명이 소금 알갱이처럼 제각각일까? 저항력을 이겨내는 차이 때문이다. 어떤 이는 저항의 압력이 강해도 완전히 뚫고 정상에 올라서는 반면 누구는 중간 정도에서 만족한다. 또 어떤 이는 저항의 바람만 스쳐도 놀라서 주저앉는다. 저항력에 대응하는 차이, 포기하는 단계가 다르니 운명이 다 다른 것이다.

나는 사주학을 성공으로 가는 길의 저항으로 본다. 사주가 좋으면 전진(성공)하는 데 저항이 적어 쉽게 전진한다. 사주가 나쁘면 저항이 많아 전진에 더 큰 노력이 들어간다. 그러나 끝끝내 노력하면 결국 성공에 도달할 수 있다. 이것이 운명학이라고 내 나름대로 생각한다.

정작 그들은 열심히 노력하는 중이다

내가 이런 소리를 하니 아들 녀석이 책 한 권을 내밀었다. 《하마터면 열심히 살 뻔했다》라는 제목의 책이었다. 이 책이 많이 팔린 이유는 시대상을 반영한 덕이라며 절대 노력을 강조하지 말라고 한다. 그래서 나는 아들에게 "이 작가도 이 책을 쓰기 위해 노력하지 않았냐?"라고 되물었다. 이지성 작가의 《에이트》라는 책의 서문만 봐도 책을 쓰기 위해 1년이나 집무실 밖으로 나오지 못했다고 밝히고 있다.

출판사에 다니는 편집자가 환자로 온 적이 있어 이런저런 이야기를 들은 적이 있다. 우리 병원에도 출판부가 있다는 것을 알고는 여러 가지 좋은 정보를 많이 알려주었다.

그때 들은 이야기 중 하나가 책 한 권을 만들기 위해 저자는 출간될 내용의 1.5~2배 분량으로 글을 써서 출판사에 넘긴다고 한다. 그것을 가지고 편집자가 취사선택하여 핵심 알맹이만 책에 싣는다는 것이다. 꽤 많은 분량의 글을 써서 넘겨야 책을 만들 수 있다는 얘기다. 집필이 어지간한 의지만 가지고서는 해낼 수 있는 일이 아니란 소리다.

그러니 잘 생각해야 한다. 돈을 벌 목적으로 일에 매진하는 것도 노력이요, 작가처럼 자신이 하고 싶은 일에 힘쓰는 것도 노력이다. 자신은 아무것도 안 하면서 《하마터면 열심히 살 뻔했다》라는 제목에 위로만 받는 것은 너무 안일한 자세다. 정 노력을 그만두고 싶다면 저 책의 작가만큼 무언가 이뤄낸 후에 해라. 그때 가서 멈춰도 늦지 않다.

아직 세상 경험이 미진한 청년들은 조금 까칠하게 세상을 바라볼 필요가 있다. 자기 자녀는 일류대학에 입학시키려고 온갖 수단을 동원하면서 청중에게는 굳이 좋은 학교에 가려고 목맬 필요가 없다고 말하는 강사를 본 적이 있다. 그런 말에는 고개만 끄덕이고, 마음은 대나무처럼 꼿꼿하게 세워둬야 한다. 말과 행동이 다른 사람의 말을

'씨앗' 삼아 그들의 자녀를 넘어서겠다는 자세로 맞서야 그 강연에 들인 내 시간이 아깝지 않다. 세상이 쳐놓은 달콤한 덫에 걸려들지 말라는 의미다.

재차 강조한다. 노력을 혐오하는 문화는 바람직하지 않다. 노력은 귀한 것이다. 지도층이나 잘못된 사회구조 탓에 노력이 대우받지 못하는 현상이 문제라는 자각을 붙들어라. 이 둘을 구분한 다음 '딱 한 놈만 팬다'라는 심정으로 목표 하나만을 향해 질주해 나가라. 그럼 다른 건 몰라도 목표한 그 하나만큼은 손에 잡힐 것이다.

결과만 좇으면 쉬운 선택만 하게 된다

목표를 잡고 나서 해야 할 일은 결과에 대한 맹신에 '일시 정지' 버튼을 누르는 일이다.

한국인들은 '결과가 모든 것'이라는 생각의 뿌리가 강하다. 물론 뜻한 바를 추진하는 과정에서 의미 있는 결과도 중요하다. 그래야 재미도 있으면서 계속 하고 싶어질 테니까. 그러나 결과만 좇으면 진입장벽이 낮은 선택만 할 우려가 있다. '금방 시드는 꽃'에만 물을 주는 식이다. 충분히 플랜 A를 할 수 있음에도 플랜 B를 선택함으로써 자신의 인생을 B급으로만 모는 것이다. 가령 3년 정도 공부해야 취득할 수 있는 세무사 자격증에 도전해야 할 사람이 쉽게 결과를 맛보고자 몇 개월이면 따는 전산세무 자격증에 도전한다면? 이만큼 큰 손실이 없다. 진입장벽이 높은 직업을 가져야 오래 써먹을 수 있다.

그러고 보면 '우회해 돌아가는 데 드는 심리적 비용'을 견디는 일 역시 중요한 성공 조건 중 하나이다.

나는 의대를 다니는 중에도 학원 운영에 몰두해야만 했다. 의대 졸업자라면 누구나 인턴과 레지던트 과정을 거쳐야 하는데 여건상 그러지 못했다. 나보다 먼저 의사 코스를 밟는 동기들을 보면서 마음이 허전했는데, 이 모습을 본 어머니가 무척 속상해하셨다. 그래서 더욱 모든 것을 다 바쳐 학원 경영에 전념했다. 지금은 100세 시대라고 하지만 당시 나는 인생을 80년이라고 볼 때 2~3년 늦어지는 것은 문제가 되지 않는다고 판단했기 때문이다. 오히려 섣불리 뛰어들어 중간에 생활고로 인턴이나 레지던트 과정을 접고, 다시 학원으로 돌아갔다면 그 손실은 더욱 컸을 것이다. 그리고 이것은 현실이 될 뻔했다. 얼마 안 있어 과외 금지령이 선포된 탓에 더 이상 학원 운영을 못하게 되었으니 아마도 나는 돈벌이를 위해 또 다른 일에 뛰어들었을 것이고, 그만큼 의사의 길로 돌아오는 데 오랜 시간이 걸렸을 테니 말이다. '한 번 할 때 세게 해놔야 한다'라는 가치관이 여기서도 힘을 발휘한다.

우회해서 가야 한다면 '우회하는 시간'도 내 것이다. 남들은 직선 도로로 편히 가는데 나만 굽이굽이 돌아서 가는 것 같다고 억울해하지 마라. 돌아서 가야 하는 시간이 괜히 주어진 것은 아니다. 고생도, 우회해서 돌아가는 일도 반드시 살림 밑천이 된다.

이 말은 2030세대에 한해서만 적용이 가능한데 '해도 될 때의 기간'을 1~2년 연장하는 편이 '하지 말아야 할 때'에 1~2주 연장하는 것보다 훨씬 쉽다. 그러니 해도 될 시기에 진입장벽이 높은 목표에 도전하

자. 그러고도 안 되면 그때 가서 공무원 시험을 보든 플랜 B에 도전하든 늦지 않는다. 똑같이 5년이라는 시간이 주어진다고 볼 때 이 기간 동안 취직시험에만 매달린 사람보다 하고 싶은 더 큰 꿈에 도전해 본 사람이 훨씬 많은 것을 가진 사람이 된다.

끝으로 한 가지 더. 플랜 A든 플랜 B든 정말 최선을 다했는데도 '이번에 안 될 것 같다'라는 느낌이 들 때의 자기 관리 방법이다.

비록 의사라는 플랜 A를 달성하기 위해 과외 학원이라는 플랜 B를 선택했지만, 나름대로 보람 있고 가족의 생계를 책임질 수 있어서 학원이 일정한 궤도에 올랐을 때 그만두는 일이 쉽지만은 않았다. 비록 강제로 문을 닫을 수밖에 없었지만, 그래도 단번에 미련을 거둔 것은 '그동안의 내 노력이 물거품이 된다'라는 생각보다 이 경험을 데리고 다음 플랜으로 가야겠다고 결심했기 때문이다. 해두면 언젠가 도움이 된다.

벽에 내 인생의 그래프를 그려서 붙여 보자! 상승과 하락이 반복하는 그래프가 보일 것이다. 이것이 내가 생각했을 때 인생을 가장 근접하게 표현해 놓은 시각 이미지다. 그래프를 보면 상승 꼭짓점을 찍고 내려오는 선이 보일 것이다. 하향 곡선 어딘가에 자신이 서 있다고 생각되면 벌처럼 밖으로 쏘다니지 말고, 칩거하면서 다음 계획을 도모해야 한다. 바닥을 찍기 전에 '새 계획'에 발이라도 담가 두면 충격은 확실히 완화된다.

❝

노력을 혐오하는 문화는 바람직하지 않다.

노력은 귀한 것이다.

지도층이나 잘못된 사회 구조 탓에

노력이 대우받지 못하는 현상이

문제라는 자각을 붙들어라.

이 둘을 구분한 다음

'딱 한 놈만 팬다'라는 심정으로

목표 하나만을 향해 질주해 나가라.

그럼 다른 건 몰라도

목표한 그 하나만큼은 손에 잡힐 것이다.

꿈은
마음에 달렸다

후츠파 정신으로 도전해도 좋고, 거북이 정신으로 끝까지 밀어붙여도 좋다. 하지만 이 모든 것은 몸과 마음의 건강이 뒷받침되어야만 가능한 일이다. 젊을 때는 건강한 것을 당연하게 여겨 크게 문제의식이 들지 않을 수 있다. 그래도 항상 신경을 써야 한다. 나이가 들면 매우 큰 비용을 치러 지켜야 하지만 젊을 때는 약간의 노력만으로도 몸과 마음의 건강을 지킬 수 있기 때문이다.

먼저 정신 건강에 대한 이야기부터 하면, 어느 종교든 상관없이 기도의 힘은 대단하다. 이슬람교는 라마단 기간을 신성시하는 풍습이 있다. 라마단은 신성한 달ℵ이자 휴전을 지키는 달로써, 이 기간에는 식욕과 성욕은 물론 모든 감각으로부터 거리를 둬야 한다. 온몸으로 행하는 기도인 셈이다. 실제 라마단 기간에 곳곳에서 숱한 기적이 일어난다고 한다. 기도의 힘 덕분이다.

이는 다른 종교도 마찬가지다. 가톨릭, 불교, 기독교 할 것 없이 기도는 대단한 정신 에너지를 뿜어낸다. 오른쪽 다리로 혈액이 더 간다는 상상만으로도 실제 20% 정도의 혈액이 오른쪽 다리로 가는 것을 증명한 연구 결과도 있다. 이 상상치료를 의학적으로 '심상치료'라고 한다. 환자를 치료하다 보면 '마음의 방향이 어디에 가 있느냐'에 따라 회복 속도가 달라지는 경우를 종종 목격하게 된다.

결국 마음이 일을 낸다

대장암에 걸린 40대 초반의 여성 환자가 병원을 찾아왔다. 대장내시경으로 봤을 때 암의 크기가 직경 2cm 정도여서 초기라고 판단했지만, 막상 복부를 CT로 스캔해 보니 간전이가 열 곳도 더 되어 있었다. 암 환자인 경우 치료를 시작하기 전에 나는 개인사에 대한 문진을 필수로 진행한다.

"결혼은 하셨어요?"
"글쎄요, 했다고도 안 했다고도 할 수 없어요. 저는 죽어야 할 사람이에요."
"그런 소리 함부로 하면 안 됩니다. 왜 그런 생각을 하세요?"

"저는…… 남편의 둘째 부인이거든요. 엄마가 반대했는데도 고집을 피워서 이 관계를 유지했어요. 그게 마음이 아파요."

그녀는 눈물을 흘렸다. 엄마에 대한 미안함과 죄책감이 스트레스로 이어져 신체 면역력을 떨어뜨린 것이 대장암 초기임에도 말기암으로 상태를 악화시킨 원인이었다. 암이 몸속에서 저 정도 전이되려면 무려 열 가지나 되는 우리 몸의 방어선이 뚫려야 한다. 그만큼 그녀의 스트레스가 상당했음을 알 수 있다.

이번에는 50대 초반의 남성 이야기다. 그는 이미 간에 전이가 된 직장암 환자로, 복강경으로 1차 직장암 수술을 받고 한 달 후에 간절제 수술을 받았다. 그로부터 2년 후 좌측 폐에 전이가 되어 수술했고, 다시 6개월 후엔 우측 폐까지 전이되어 폐 부분 절제 수술을 두 번이나 받아야 했다. 앞에서 언급한 여성 환자보다 10배 이상 심각한 상태였다. 그런데 그는 독실한 기독교 신자로 매사 감사한 마음을 갖고 있었고, 하느님이 자신을 살려줄 것이라고 강력히 믿고 있었다.

"원장님, 저는 더 이상 전이가 안 될 거예요. 설사 전이가 되더라도 얼마든지 이겨낼 수 있습니다"라고 말하는 그의 모습에서 오히려 내가 더 힘을 받을 정도였다. 그는 수술한 지 8년이 지난 지금까지도 건강하게 개인택시를 몰며 일하고 있다.

흔히 우리가 이야기하는 스트레스의 위험성과 낙천적인 성격의 이점은 이 두 사례 말고도 얼마든지 있다. 그 정도로 '마음의 상태'는 건강에 미치는 정도가 굉장히 크다.

칼 사이먼튼의 심상치료

질병의 진행 상태와 상관없이 마음가짐에 따라 누구는 결과가 좋고, 누구는 결과가 나쁘다. 가장 중요한 것은 본인의 의지다. 의학적으로 치료가 불가능한 말기암 환자는 의사 입장에서도 안타깝고 혼란스럽다. 이런 환자들에게 심상치료를 하여 획기적인 결과를 얻은 의사가 있다.

미국 텍사스주 댈러스에 위치한 암 카운슬링 연구센터의 방사선 종양학 전문의 칼 사이먼튼O. Carl Simonton이 주인공이다. 그는 남은 수명이 채 1년이 안 되고 무슨 방법으로도 치료가 불가능한 159명의 말기암 환자에게 심상치료를 실시하여 통증을 줄이고 평균 2년을 더 살게 했다. 63명은 수명을 4년까지 연장시켰을 뿐 아니라 그중 22.6%인 14명은 완치시켰다. 의학적으로는 단 한 명도 치료할 수 없는 상태인데 그가 기적을 일으켜 살린 것이다.

심상치료가 무엇인지 감이 오지 않을 수 있는데 다음과 같다.

그는 환자들에게 시냇물이 흐르는 산 등 경치가 좋은 곳에서 새소리, 물소리를 들려주며 심호흡과 함께 다음과 같은 상상을 하게 했다. '암세포는 빵 부스러기처럼 약하다. 암세포를 잡아먹는 당신의 T림프구(백혈구의 일종)는 악어처럼 강하다. 이 악어가 날마다 내 몸속의 암세포를 갉아먹어 암세포의 크기가 줄어든다'라고 말이다. 그런 다음 실제 주치의가 와서 "당신은 암이 완치되었습니다"라고 판정을 내려준다. 그러면 가족과 주변 사람들이 일제히 박수를 쳐주는 것을 매일 상상하게 했다. 환자라면 누구나 꿈꾸는 장면을 시연해보는 것이다. 이것을 하루에 10분씩 3회 정도 진행했다.

이 기법을 이용해 완치된 사례는 많다. 미국의 26세 여대생은 4기 림프암 환자로 치료가 불가능한 상태였다. 그녀의 부모 모두 의사여서 처음에는 항암치료에 전념했지만, 고통을 견디지 못해 치료를 지속할 수 없었다. 부모는 지푸라기를 잡는 심정으로 유럽의 휴양 도시에서 심상치료를 시작했는데 몇 년 뒤 그녀는 완치 판정을 받았다.

이뿐만이 아니다. 심상치료의 효과는 연세의대 은사님이신 이경식 교수님의 환자에서도 심심찮게 찾아볼 수 있다. 교수님의 환자는 55세 여성으로 위암이었다. 검사를 해보니 위를 절제할 수 없는 상태여서 음식물이 넘어갈 수 있도록 소장과 위를 연결하는 우회 수술을 했다. 이렇게 되면 의학적으로 잔여 수명은 통상 1~2년인데 10년 후 이 환자가 나타났다. 교수님은 귀신을 본 듯 등골이 오싹했다고 한다. 그녀를 다시 검사해 보니 위암이 완치되어 암이 완전히 사라진 상태였다. 물론 은사님이 우회 수술을 한 곳도 그대로 있었다고 한다. 그녀의 간절한 기도를 통한 심상치료가 효과를 발휘한 것이다. 은사님은 이런 일을 몇 번이나 경험했다고 말씀하셨다.

여러분도 한 번 칼 사이먼튼의 심상 훈련을 따라 해보길 바란다.

칼 사이먼튼의 심상치료법 - 기본 편
• 은은한 조명이 있는 방에서 문을 닫고 편안히 앉아 눈을 감는다.

- 심호흡을 한다.

- 얼굴과 눈 주위부터 턱, 목, 가슴, 배, 발까지 이완시킨다.

- 경치 좋고 즐거운 곳을 머릿속에 그린다.

- 암세포는 매우 불안정하고 약하며 빵 부스러기 정도의 먹을 것이라고 상
  상한다.

- 암세포를 잡아먹는 백혈구 세포가 암에 접근하여 조금씩 갉아먹는다.

- 암의 크기가 서서히 줄어든다.

- 암이 완전히 사라진다.

- 의사에게 완치 판정을 받고 기뻐하는 모습을 상상한다.

- 가족들도 이 소식을 듣고 환호하는 것을 상상한다.

- 전과 같은 일상생활을 하며 인생 목표에 도달한 자신을 상상한다.

- 자신을 칭찬하고 격려하면서 서서히 눈을 뜬다.

명상과 비슷한 느낌을 받을 것이다. 맞다. 심상치료라는 말이 낯설
다면 명상치료라고 생각해도 좋다. 비단 암 치료에만 심상치료가 효
과적인 것은 아니다. 기도나 명상처럼 심상 훈련은 뇌의 기능을 활성
화시키고 집중력 향상에도 도움을 준다.

명상이 뇌 기능을 향상시키는 데 도움을 준다는 연구 결과가 서울
대학병원 강도형 교수팀에 의해 밝혀진 적이 있다. 연구팀은 명상 수
련만 3년 이상 한 68명을 대상으로, MRI를 통한 뇌파 진동 실험에 나
섰다. 뇌 MRI 영상을 통해 명상을 하고 있을 때 집중력, 감정 조절 능
력, 실행 능력을 담당하는 뇌 부위가 활성화된다는 사실을 밝혀냈다.

자신이 이루고 싶은 목표가 있다면 밑져야 본전이라는 생각으로 칼 사이먼튼의 심상치료법을 따라 명상 훈련을 해보자. 나는 이것을 목표에 집중하는 심상치료법으로 내용을 바꿔보았다. 따라가기 쉬울 것이다.

칼 사이먼튼의 심상치료법 - 목표 응용 편

- 은은한 조명이 있는 방에서 문을 닫고 편안히 앉아 눈을 감는다.
- 심호흡을 한다. 호흡 하나를 세상에 내주고, 신선한 호흡 하나를 받는다고 생각한다.
- 얼굴과 눈 주위부터 턱, 목, 가슴, 배, 발까지 이완시킨다.
- 목표를 이루고 나서의 일하는 장소를 떠올려본다.
- 지금 닥친 위기나 지난한 과정은 초등학생에게도 다가오는 필수 과정이라고 상상해본다.
- 지금 이 위기를 겪지 않으면 오히려 더 큰 위기를 맞이할 수 있다고 생각의 전환을 이룬다.
- 고단함의 크기가 서서히 줄기 시작한다.
- 고단함이 완전히 사라졌다.
- 목표를 이루고 나서 기뻐하는 모습을 상상한다.
- 가족들은 물론 지인들에게 축하받는 장면을 상상한다.
- 목표 달성을 위해 보류한 일상생활을 만끽하는 모습을 상상한다.
- 자신을 칭찬하고 격려하면서 서서히 눈을 뜬다.

체중 관리는
신도 해결하지 못한다

명상 훈련을 통해 마음 관리법을 익혔다면 이번에는 몸 관리법이다. 나를 포함해 대한민국 남녀노소 불문하고 제2의 종교(?)로 통하는 것이 바로 '다이어트'일 것이다.

무슨 일이든 불도저처럼 밀어붙이는 나조차도 체중 감량은 오랜 시간이 걸렸다. 다이어트는 보통 성공 확률이 10% 미만이다. 성공했다고 하더라도 요요현상으로 본래 체중으로 갈 확률은 90% 이상. 다시 말해 장기적으로 볼 때 다이어트 성공률은 1% 미만이다. 버킷리스트에서 현재 하고 있는 목록을 나타내는 세모 중 체중 감량은 올해로 11년 차에 진입하는, 최장기간 끌고 오는 항목이다. 물론 앞으로도 계속 진행되어야 할 것 같다.

　'양돼지'는 유년기 때부터 불린 나의 별명이다. 고등학교 2학년 때 72kg, 26살 외과 레지던트일 때 79kg을 찍더니 개원의 시절인 40살에 85kg을 찍었다. 줄곧 뚱뚱한 체형이었는데, 나이가 들면서 체중은 더욱 불어났다. 다이어트도 수없이 시도했지만 5kg 정도 감량됐다가 금세 다시 85kg으로 돌아갔다. 이런 이유로 평생 동안 다이어트를 해 왔다.

　인생은 무한 도전이다. 후츠파 정신으로 나아가자고 밀어붙이는 돌격 대장인 나에게 다이어트는 10년 넘게 끌고 온 목표였으니 그간 정복하고자 얼마나 많은 공을 들였을까. 별의별 시도를 다 해봤지만 매번 요요현상으로 끝나버렸다. 그러다 2018년 12월 말경에는 89kg까지 체중이 불었다. 이러다 100kg까지 나가게 될 것 같은 위기감이 고개를 들었다. 더는 안 되겠다 싶어 마지막 기회라고 생각하고 체중 감량에 나섰다. 그 결과 2019년 7월 초 드디어 79kg으로 몸무게가 줄었다. 그것도 요요현상 없이 말이다. 7개월 동안 10kg을 감량하고 얼마나 기뻤으면 《누구나 10kg 빠진다! 하루 두 끼 다이어트》라는 책까지 냈을까. 다이어트로 고민하는 많은 분들에게 도움이 되길 바라는 의미에서 이 책의 주요 내용을 소개해본다.

어바웃! 하루 두 끼 다이어트

보통 스님들은 새벽 3시에 기상해 참선을 하고 아침식사는 6시, 점심식사는 12시에 한다. 저녁식사를 하는 곳도 있긴 하지만 대부분 정오 이후에는 금식을 한다. 하루 수행을 마치고 저녁 8~9시경 취침을 한다. 저녁식사를 하지 않는 다이어트 방법은 바로 스님처럼 하루 일과를 보내는 것이다. 다만 회사에 출근해야 하고 사람들과 매일 만나야 하는 현대인에게는 다소 무리가 있는 일정이다. 그래서 내가 찾은 방법은 아침을 거르는 대신 차로 수분을 충전하는 하루 두 끼 다이어트 방법이다.

나는 아침식사 대신 따뜻한 녹차를 1.5L 이상 마신다. 이것이 하루 두 끼 다이어트 비법의 핵심이다. 녹차를 마시는 이유는 수분 섭취 부족으로 인해 발생할 수 있는 탈수 증상을 막기 위함이다. 그뿐 아니라 녹차에는 항암, 항알레르기, 항노화, 항산화, 면역력 향상 등 10여 개의 효능이 있다. 하지만 내가 강조하고자 하는 면은 따로 있다. 사람에게 오전은 섭취의 시간이 아니라 배설의 시간이다. 아침에 식사를 하면 위가 자극되어 위·대장 반사운동이 일어나 배변이 쉬운데, 식사 대신 녹차를 마셔도 위에 녹차물이 들어가 위·대장 반사운동을 유발하여 쉽게 배변을 할 수 있다. 배설이 잘 되어야 건강해진다. 장 속의 비만균과 날씬균도 다이어트와 밀접한 연관이 있다.

녹차를 마셨을 때의 또 다른 장점은 점심때까지 허기가 지지 않는다는 것이다. 점심식사는 다이어트 전 먹던 양의 70% 정도만 먹고, 반찬은 100% 다 먹는다. 저녁식사는 밥과 반찬 모두 100% 먹는다. 나는 저녁식사 후에는 과일과 과자까지 모두 먹는다. 내 양의 120%까지 먹고 있다. 이렇게 많이 먹는 데도 살이 찌지 않고 오히려 체중이 빠졌다. 이런 믿기 힘든 일은 8시간만 먹고 16시간 동안 먹지 않는 간헐적 단식 때문에 가능하다.

간헐적 단식만으로도 충분하다

현대의학에서는 섭취한 칼로리가 사용한 칼로리보다 많으면 체중이 증가한다고 말한다. 그런데 어떤 사람은 많이 먹고 운동도 하지 않는데 빼빼 마르고, 어떤 사람은 물만 먹어도 살이 찐다. 설명할 방법이 없다. 한의학에서는 타고난 체질이니 체중 감량을 포기하라고 말하기도 한다.

100% 성공하는 다이어트의 핵심은 '간헐적 단식'

- 현대의학의 이론 : 섭취한 칼로리 > 사용한 칼로리 → 살이 찐다
- 많이 먹어도 살이 안 찌고 물만 먹어도 살이 찌는 사람을 설명할 방법이 없다.
- 새로운 다이어트의 이론 : 살이 찌고 안 찌고는 호르몬, 즉 인슐린과 코르티솔 때문이다. 인슐린이 계속 분비되면 살이 찐다. 8시간 섭취, 16시간 금식(물은 허용)하면 인슐린 분비가 줄어 살이 빠진다.

살이 빠지는 원리는 단순히 칼로리 섭취가 소모량보다 적어서라기

보다 우리 몸의 호르몬, 특히 인슐린과 코르티솔 때문이다. 하루 중 처음 식사한 시간과 마지막으로 식사한 시간의 간격을 줄이고 공복 시간을 확보하면 분비되는 인슐린의 양이 줄어들어 많이 먹더라도 체중이 빠진다.

많이 먹더라도 체중이 빠진다니 이 얼마나 달콤한 말인가. 엄연한 사실이자, 하루 두 끼 다이어트가 성공할 수밖에 없는 이유이기도 하다. 설사 아침식사를 거르는 대신 점심식사와 저녁식사를 조금 더 먹더라도 전체 먹는 양은 세끼를 먹었을 때보다 적다.

다이어트의 핵심은 인슐린 분비에 있다

우리나라 남성의 42.3%와 여성의 26%가 비만이다. 즉, 인구 3분의 1이 비만이고 그로 인한 당뇨병, 고지혈증, 고혈압을 앓고 있는 비율도 아주 높다. 하지만 체중을 5~10kg만 감량하면 이런 성인병의 대다수를 약 없이 치료할 수 있다.

나는 대장항문외과 의사다. '온천에는 용천 백이(한센병 환자)만 모여든다'는 말이 있듯 대장항문외과니까 그렇기도 하겠지만, 과거에 비해 궤양성 대장염이나 크론병 환자가 급격히 많아졌다. 궤양성 대장염과 크론병은 1980년 이전에는 어쩌다 한 번씩 보던 희귀한 질환이었다. 특히 크론병은 1986~1990년에는 인구 10만 명당 0.05명이었는데 2001~2005년에는 1.34명으로 27배나 증가했다. 과민성 대장증후군 환자는 전 세계적으로 인구의 10% 이상이며, 소화기질환으로 병원을 찾는 환자 중 약 30%를 차지한다.

요즘은 당뇨병을 앓는 이들도 많아졌다. 우리나라 만 30세 이상 성인의 12.4%가 당뇨병 환자다. 50% 이상 당뇨병으로 진행하는 당뇨병 전 단계까지 합치면 약 20%에 육박한다. 고혈압 환자는 말할 것도 없다. 이 질환들의 공통점은 과식이고 비만이 가장 큰 원인이다.

내가 제안하는 하루 두 끼 다이어트 방법을 따라 하면 100% 살이 빠진다. 비만뿐만 아니라 당뇨병, 고혈압 환자가 확 줄어 국민건강보험의 지출 역시 감소될 수 있다. 그래서 나는 이 다이어트 방법을 '국민운동'이라 부르고 전국민에게 권하고 싶다. 나를 포함하여 의사들의 수입이 줄겠지만 그래도 좋다. 대한민국 국민이 건강하고 활기차게 된다면 말이다.

1988년 나픽Knapik 박사는 응용생리학 저널에 흥미로운 실험 결과를 발표했다. 군인들을 식사 직후 운동한 그룹과 3.5일간 단식한 후 운동한 그룹으로 나누어 조사했는데, 두 그룹 간 신체 능력 차이가 전혀 없었다.

또 돔Dohm 박사는 1986년 응용생리학 저널에 〈단식 후 운동에 대한 대사작용 반응〉이라는 주제의 논문을 발표했다. 남성 달리기 선수 9명에게 90분씩 두 번 달리기를 시켰는데 첫 번째 달리기는 23시간 단식 후 90분간 달리게 했고, 두 번째 달리기는 단식한 후 정상적인 식사를 몇 주 하다가 90분간 달리도록 했다. 놀랍게도 공복 상태에서 달렸을 때의 혈당과 식사한 상태에서 달렸을 때의 혈당은 별 차이가 없었다. 오히려 공복 상태에서 달렸을 때 지방연소율이 높게 나타났다. 공복 상태일 때 인슐린 수치도 낮게 나왔는데, 이는 30분간 격렬하게 달리고 난 후의 인슐린 수치와 같았다. 또한 단식하는 동안 혈당과 글리코겐의 수치가 일정하게 유지되었는데, 공복에 운동을 해도 혈당과 글리코겐의 수치가 떨어지지 않고 일정하게 유지되었다.

아침식사를 안 해야 간이 건강해진다

매일 아침식사를 하던 사람이 아침식사를 거르면 음식물 공급이 없어 에너지가 부족하다고 느낄 수 있지만, 위의 실험처럼 실제 몸은 부족함이 없다. 오히려 다른 에너지를 사용해 제대로 몸을 작동시킨다. 포도당이 부족한 만큼 다른 에너지원을 사용하다 점심식사를 하면 다시 포도당 위주로 사용하는 식이다. 즉, 아침식사를 하지 않아도 몸에는 충분한 에너지가 있어 배가 부를 때보다 공복일 때 정신이 더 맑고 활기차게 일할 수 있다. 전날 저녁에 섭취한 영양소들이 간에 저장되어 있다 오전 공복 시간에 사용되기 때문이다. 간에는 영양소가 가득 저장되어 있는데 아침식사를 할 경우 간은 이겨내지 못하고 지방간으로 만든다. 대한민국 성인치고 지방간이 아닌 사람은 거의 없다. 아침식사를 거른 후에 하루 종일 기력이 없을 정도로 에너지가 부족하다면 그건 단순히 아침식사를 걸러서가 아니다.

오전 금식에도 오히려 힘이 넘쳐 활기찬 이유

• 전날 저녁식사로 간에 저장된 영양소를 오전 공복 시간에 사용한다.

• 아침식사를 하지 않아도 포도당 대신 몸의 케톤(지방 연소의 결과로 발생)

을 사용해서 활력이 넘친다.

지금껏 살펴본 것처럼 '체중 감량은 신도 해결해주지 못한다'라는 좌우명이 생길 만큼 체중 감량은 내 숙원 사업 중 하나다. 그러나 이제 길을 찾았다. 물론 체중 감량은 현재도 진행 중이다. 2030대는 스타일 관리라는 개념으로 다이어트를 하지만, 4050대로 넘어가면 질환 개념으로 바뀌게 된다. 무엇보다 비만은 식습관, 운동 습관 등 생활습관과 밀접한 관련이 있다 보니 나처럼 식탐이 있는 사람이라면 잘못된 식습관이 고착화되기 전에 자기만의 '체중 관리'에 나서야 한다. 그래야 하고 싶은 일도 마음껏 할 수 있다.

PART 02

도전하면
가질 수 있다

i'm possible

시련에서 얻은
초심 동력

"작은 꿈을 위한 방은 없다."

이스라엘 건국의 아버지이자 노벨평화상 수상자인 시몬 페레스 Shimon Peres가 낸 책의 제목이다. 작은 꿈에게 내어줄 방이 없다는 말은 이 책이 나오기 훨씬 전부터 점찍어둔 나만의 모토나 다름이 없다. 이 모토로 한 첫 발걸음이라고 한다면 내 병원을 개원한 일을 첫손가락 에 꼽을 수 있다.

연세의대 세브란스병원에서 외과 수련을 마친 뒤 나는 구리시에서 자리를 잡았다. 연세의대 세브란스병원 외과 선배가 "외과는 부촌보다 서울 근교가 자리 잡기 쉬울 거야"라며 조언을 해줬는데 구리시에 살면서 의대를 다닌 까닭에 선배가 언급한 서울 근교로 구리시가 자연스럽게 떠오른 것이다. 마침 구리시에 종합병원이 없던 점도 선택하게 된 이유였다.

1986년, 그렇게 내 생애 첫 병원을 개업했다. 사업을 시작하는 사람들이 늘 그렇듯 나 또한 자금이 충분하지 못해 어려움을 겪었다. 먼저 인테리어 비용에서부터 숨이 '턱' 하고 막혀 왔다. 그래서 생각한 방법이 군대에서 막 제대한 동생과 함께 칸막이 공사는 물론 병원의 모든 인테리어를 손수 하는 일이었다. 비록 세련되지는 못해도 비용을 줄일 수 있었다.

다시는 가질 수 없는 초심의 힘

시멘트 블록으로 칸막이 공사를 하는데 동생이 옛이야기를 꺼냈다.

"형! 생각나? 아천리(지금의 구리시 아천동) 방으로 이사했을 때 형이 나무로 이동 책상을 손수 만들었잖아."

"난 재수를 하던 때고 너는 중학교에 다녔던 때였지, 아마."

"응. 단칸방이라 방이 좁아서 낮에는 책상을 방에 들여놓고 공부하고, 밤에는 다시 바깥으로 옮겨놨었어."

"그래도 힘들지 않고 즐거웠어, 난."

도란도란 이야기하며 공사를 하니 금세 밖이 어둑어둑해졌다. 추억을 소환해가며 몇 날 며칠 밤을 새워 공사를 하고 드디어 문을 연 '양외과'. 이는 이듬해에 얻게 된 첫아들 현준이와 만났을 때만큼이나 가슴 벅찬 순간이었다. 그토록 기뻤던 일이었기에 건물주가 건물 신축을 하겠다며 2년 만에 나가달라는 요구는 내 사기를 사정없이 꺾어놓았다.

"병원 구석구석 손수 인테리어를 안 한 곳이 없는데 2년 만에 나가라고 하는 것이 어디 있나?"라며 거세게 항의했지만 건물주는 요지부동이었다. 잠이 오지 않았다. 단순히 병원을 이전해야 한다는 부담감보다는 양외과를 첫 직장으로 둔 직원들 때문이었다. 당시 14명의 직원이 의기투합하여 병원을 안정 궤도에 올려놨는데 이들의 노력이 물거품이 될까봐 잔뜩 긴장이 됐다.

당시 직원 중 여덟 명은 지금까지도 1년에 한 번씩 모임을 가지고 있다. 양외과가 그들에게 얼마나 의미 있는 곳이었는지 알 수 있는 대목이다. 주변에선 "대학교도 아니고 의원에서 무슨 MT를 가냐?"라고 했지만, 개원을 앞두고 전 직원이 MT를 다녀오는 등 그때만큼 다 같은 마음으로 대동단결하던 때가 없었다. 의사와 간호사 모두 이곳이 첫 직장이었던 터라 열정과 사명감이 남달랐다.

지금 생각하면 돈으로 따질 수 없는 것들, 예를 들어 할아버지 환자와 손자 얘기 등 소소한 일화를 나누고, 환자나 보호자가 고맙다며 갓 딴 호박과 상추를 들고 오는 일들이 크게 다가오던 시절이었다. 매너

리즘에 빠진 사람에게 "초심을 상기해보라"고 이야기하는 것도 그만큼 '첫 마음'이 순수하고 열정이 가득하기 때문이다.

그다음부터는 고마운 일들이 당연하게 느껴져 처음에 가졌던 예쁜 마음이 줄어드는 것 같다. 나 역시 내 이름을 걸고 처음으로 연 병원이라 직원들과 마찬가지로 순수하고 열정적으로 일을 했다. 그래서 하루아침에 나가 달라는 건물주의 요구에 밤잠을 이룰 수 없었다.

직원들의 두 가지 로열티

길을 가다 작은 철물점 사장이 지나가면 난 그를 향해 마음속으로 '잘되기'를 기도한다. 언제부턴가 생긴 습관이다. 병원이든 기업이든 하물며 작은 가게라 하더라도 사장은 내 가족을 챙기는 것과는 다른 종류의 책임감을 숙명처럼 견디며 산다. 단지 직원의 생계만을 책임지는 자리가 아니다. 직원들이 이곳에서 어떠한 뜻을 품고, 얼마나 노력하는지 잘 알기에 이것이 흔들리지 않도록 '전체 프로세스'를 매니지먼트 해야 하는 막중한 자리다.

병원의 앞날을 고민하는데 친한 선배가 말을 건넸다.

"양 원장, 직원들의 충성심은 정량적, 정성적 두 가지에서 나와."

"선배님, 정량은 숫자로 헤아릴 수 있으니 월급인 것 같은데 정성은 뭐예요?"

"숫자로 헤아릴 수 없지만 숫자보다 더 중요한 거지."

"그러니까 그게 뭐예요?"

나는 말을 빙빙 돌리는 선배를 재촉했다.

"성격 급하긴! 고객에게 받는 감사 인사지. 우리가 하는 일이 뭐야? 의료 서비스잖아. 의사들은 자꾸 의료에만 방점을 찍는데 사실은 아니야. 진심이 담긴 서비스가 100배는 중요해. 간호사나 데스크 직원이 환자나 보호자들에게 듣는 고맙다는 말 한마디. 이게 없으면 끝나는 거야. 그러니까 함부로 병원 위치를 옮기지 마. 자리를 지키는 것만으로도 직원들에게 인사하는 고객을 지켜주는 일이고, 그것으로 직원들은 일할 맛이 나니까."

굉장히 마음에 와 닿았다. 나는 선배의 조언을 되새기며 여러 가지를 고민한 끝에 기존 병원의 바로 '건너편 건물'로 자리를 옮겼다. "치료를 잘해줘서 고맙다"며 농사지은 고구마, 상추를 갖고 오시던 할머니가 바뀐 병원의 위치를 쉽게 찾을 수 있는 곳을 기준 삼아서 말이다.

위기는 기회라고 했던가. 때로는 시련이 초심을 되찾게 하고 도약의 도화선이 되기도 한다. 나도 그렇게 쫓기듯이 병원을 옮겼지만, '내 건물을 지어야겠다'라는 결심을 그때 했다. 찢어지게 가난했던 고등학교 시절에 우리 집은 세 번의 철거를 당했다. 그리고 어엿한 의사가 됐음에도 또 쫓겨나고 말았다. 남들은 한 번도 겪지 않는 강제 이사를 네 번이나 당한 것이다. 하지만 그 아픔이 병원 신축의 꿈을 더 단단하게 해주었다. 어떻게 보면 이때가 내 인생에서 가장 큰 보폭으로 도전했을 때가 아닌가 싶다.

　병원 신축을 목적으로 구리시의 땅을 물색했지만, 약 100평 정도 되는 좁은 부지의 땅은 생각보다 없었다. 대개 땅이 더 넓었고, 내 경제력으로는 어림도 없었다. 마땅한 부지가 나올 때까지 기다려 보려던 참에 필연과 같은 우연의 기회가 찾아왔다.

성공의 두 요건,
타이밍과 초기 민감성

"원장님, 병원 부지로 좋은 것이 있는데 매입할 생각 있으세요?"

"땅이요?"

다짜고짜 땅을 권한 이는 부동산 중개업자였다. 실은 그분의 아들이 우리 병원에서 치료를 받은 적이 있다. 자전거에 판유리를 싣고 가다가 유리가 떨어지면서 발목의 아킬레스건이 잘리는 사고를 당했다. 정확히는 두 장의 유리가 아킬레스건을 비스듬히 치고 나가 약 2cm 정도 소실된 사고였다. 정교한 수술인지라 내 고교, 대학 동문이자 가장 친한 친구인 정형외과 전문의 김여섭 선생이 우리 병원까지 와서 직접 수술을 했다. 부동산 중개업자였던 아버지는 아들 병문안을 왔다가 그때도 내게 얼핏 땅 이야기를 꺼냈었다. 당시엔 매입 의사가 없었거니와 2억 7,000만 원이라는 큰돈이 든다는 것이 부담스러워 흘려들었다. 하지만 '개똥도 약에 쓰려면 없다'고 정작 부지를 알아보기 시작한 때는 그의 연락처를 몰라 애간장이 타들어갔다. 그때 그가 거짓말처럼 눈앞에 나타난 것이다.

안 그래도 마음이 조급하던 나는 길거리에서 전에 추천했던 땅을 사고 싶다고 말했다. 한참을 얘기하다 "아킬레스건 수술을 받은 아들은 건강하냐?"라고 안부를 묻자 그는 수술이 잘 되어 건강하다며 자신이 땅 거래를 꼭 성사 시켜 보은하겠다고 했다.

이 광경을 보면 누구나 기가 막힌다고 할 것이다. 우연히 길거리에서 만나 다짜고짜 땅을 매입할 의사가 있다고 말하는 나와 그에 응하는 부동산 중개업자의 모습은 생소할 테니 말이다. 한두 푼도 아니고 1988년의 2억 7,000만 원이면 지금은 족히 50억 원이 넘는 큰 금액이다. 이런 거래를 거리 한복판에서 벌였으니 입이 벌어질 수밖에. 지나고 보니 이 모든 것은 우연이 아니라 필연이었던 것 같다. 요샛말로 나의 간절한 염원이 우주 에너지를 끌어와 별 탈 없이 성사된 게 아닌가 싶다. 세상의 많은 일은 우연같이 일어나지만 실은 필연이 일어난 것이다.

타이밍은 필연이라는 법칙

남들은 개똥철학이라고 할지 모르나 나는 기회에 대한 두 가지 철학, 내지 법칙을 갖고 있다.

그 첫째가 '타이밍은 필연이라는 법칙'이다. 살아 보니 돈, 사람, 땅, 자원, 공기, 물 모든 것들은 일정한 방향성을 지니고 있다는 사실을 깨달았다. 위에서 아래로 흐른다거나 물리적인 것에서 정신적인 것으로 흐른다거나 이처럼 여러 방향이 존재하는데, 나는 가득 채워진 곳에서 빈 공간으로의 방향성을 중요하게 여긴다. 국제 관계도 빈 공간으로 가는 것이요, 축구 시합도 빈 공간을 찾아다니며 전진하는 것이다. 기업이 경쟁함에 있어서도 경쟁 업체보다 더 많은 고객을 확보하려면 공간 확보, 즉 새로운 공간 창출은 필요하다.

방향성과 함께 알아야 할 것이 바로 타이밍이다. 이 둘의 선후 관계를 따지면 방향성보다 타이밍이 조금은 앞서 있는 것 같다. 알다시피 타이밍이 모든 것을 결정하는 Key, 핵심이 아니던가. 하지만 많은 사람들이 생각하는, 그러니까 '타이밍은 우연'이라는 발상에는 동의하지 않는다. 타이밍은 필연이다. 이전의 어떤 흔적이 있었기에 지금 내 앞에 찾아온 기회의 손을 '바로잡는' 일이 가능한 것이다. 만약 건물주에게 쫓겨난 경험으로 인해 '내 건물을 지어야겠다'라는 생각의 흔적이 없었다면 그냥 이전한 곳에서 계속 병원을 운영했거나 자금 여력이 충분해진 때에나 신축을 도모했을 것이다. 이게 평범한 수순이다. 하지만 내겐 세 번의 철거 경험과 한 번의 쫓겨남이 있었다. 이 정도면 누구라도 다른 일을 다 제치고 내 건물부터 세워야겠다고 다짐할 것이다.

여러분 중에도 무리한 꿈이기는 한데 오랫동안 벼르던 것이 있다면 되든 안 되든 한 번은 바깥으로 털고 가야 한다. 변비로 꽉 막힌 대장을 뚫어놔야 장이 원활히 돌아가듯 욕구도 그렇다. 인생을 살다 보니 타이밍을 놓치는 것만큼 꿈을 지연시키는 것도 해가 된다는 것을 알았다.

자신이 이거 하나는 꼭 해보고 싶은 게 있는데, 지금이 그때라고 판단되면 꿈의 몸통은 아니더라도 팔과 다리 정도만이라도 가질 수 있는 계획을 밀고 나가라. 꿈의 팔과 다리를 가지면 그다음에는 몸통을 가질 수 있을 테니까.

결과 민감성보다 초기 민감성이다

타이밍이 필연이라는 법칙을 강조하다 보면 결과보다 준비나 과정에 집중하게 된다. 왜 그럴까?

'필연의 힘'을 증명해 보인 사람이 있는데, 바로 기상학자 에드워드 로렌츠Edward Lorenz다. 그는 예측한 기상변화의 값을 입력하는 과정에서 소수점 이하 일부를 생략했다. 0.506127에서 0.506만 입력한 것이다. 그러자 전혀 다른 기상 결과가 나타났다. 이를 '나비효과'라고도 하는데, 나비효과는 '브라질에서 나비가 날갯짓을 하면 텍사스에서 토네이도가 일어날까?'라는 강연회 제목에서 유래한 말이다. 아주 미세한 차이가 엄청난 결과로 이어진다는 의미로 쓰인다. 실생활에서도 얼마든지 나비효과의 예를 찾을 수 있다.

가족과 식당에 갔는데 4인분을 시킨 고기가 2인분처럼 적게 나왔다. 그렇다고 품질이 뛰어난 것도 아니었다. 주변 테이블을 보니 다들 처음 주문한 음식만 먹고 나가는 모습에서 '이곳은 잘 안 되겠구나'라는 확신이 들었다. 보통 고깃집에 가면 추가로 고기를 주문해서 먹는다. 그런데 추가 주문 없이 그냥 나간다는 것은 '맛이 없다'라는 의미이자, 다시는 오지 않겠다는 고객의 결심으로 봐도 무방하다. 고깃집 사장은 가게 운영이 어려워지면 "운이 없었다!"라고 얘기할 것이다. 가게 운영의 초깃값에 실책을 범한 지도 모른 채.

이와 반대로 줄 서서 먹는 가게는 음식의 양은 물론 서비스의 질도 다르다. 반찬이나 채소를 아낌없이 준다든지, 서비스로 주는 동치미 맛이 생각나 다시 찾아오게 한다든지 자기만의 노하우로 승부를 본다. 고객이 재방문하는 것은 '대단한 뭔가'가 있기 때문이 아니다.

"자주 가는 대구탕 집이 있는데, 벨을 누르면 우렁찬 목소리로 대답하며 달려오는 종업원이 있어. 성악을 전공했는지 묻고 싶을 정도라니까. 그 직원의 목소리를 들으면 힘이 솟아서 자주 가게 돼"라며 얼마 전 친구가 단골 가게를 찾는 이유를 들려주었다. 피곤한 하루를 마치고 방문한 가게에서 종업원의 힘 있는 대답에서 에너지를 얻는 건 다른 가게에서는 줄 수 없는 대체 불가능한 가치다. 이것이 있었기에 오늘날 그 집이 살아남은 것이다.

또 한 예로, 1년에 3,000만 달러의 적자를 보던 스칸디나비아 항공에 구원 투수로 40대 초반의 젊은 CEO 칼 얀슨Kal Jansson이 부임했다. 그는 사회주의가 강한 스웨덴의 나태한 직원에게 고객 접점The Moment of Truth, MOT의 중요성을 강조하며 "고객은 직원을 만나는 15초의 짧은 순간에 다시 올 것인지를 결정한다"라고 말했다. 그러면서 고객이 비행기를 타고 목적지에 가기 위해서는 5개의 접점이 필요한데, 접점마다 고객이 만족할 수 있도록 해야 한다고 이야기했다. 그 결과 부임 첫해에 스칸디나비아 항공은 적자에서 벗어나 흑자로 전환했다. 이런 것이 바로 필연의 힘이다. 결코 우연이 아니다.

내가 필연을 강조하는 데는 초기 민감성을 높이는 자세만큼 성공을 부르는 열쇠가 없다는 판단 때문이다. 우연론은 다른 말로 하면 '결과 민감성'이다. 로또 당첨을 떠올리면 쉽다. 과정이야 어떻든 결과만 좋으면 된다는 식의 결과 만능주의를 낳을 수 있다. 입만 벌리고 가만히 있어도 감나무에서 감이 떨어질 '우연'에 소중한 시간을 날려 보내는 2차 손실은 덤으로 발생한다.

이와 반대로 필연론은 초깃값에 아주 민감하다. '초기 민감성'이라고 부르는데 작은 값에 민첩하게 대응함으로써 좋은 과정과 결과를 만들어낸다. 초기 민감성은 실패를 최소화하고 성공을 극대화하는 태도로 '얼마 없는 기회'를 붙잡는 딱풀 같은 역할을 한다.

누구나 한번은 '행운을 부르는 기회, 기막힌 타이밍'과 만난다. 쉽게 오지 않는 기회를 붙잡기 위해서라도 '우연론'이 아닌 '필연론'으로 맞서는 자세를 갖추는 것이 중요하다.

"

초기 민감성은 실패를 최소화하고

성공을 극대화하는 태도로

'얼마 없는 기회'를 붙잡는

딱풀 같은 역할을 한다.

쉽게 오지 않는 기회를 붙잡기 위해서라도

'우연론'이 아닌 '필연론'으로 맞서는

자세를 갖추는 것이 중요하다.

일단 저지르고 보는
전략

1990년 11월 3일, 드디어 병원을 신축 개원했다. 그러면서 병원 이름을 '양외과'에서 '양형규의원'으로 바꾸었다. 일개 개인 병원이 부지를 사서 건물로 올렸다고 하니 떼돈을 벌었다고 생각하는 이들이 많았다. 한 번은 택시를 타고 병원으로 가는데 택시기사가 말을 걸었다.

"양외과 가세요? 제가 저 병원 원장을 잘 아는데 돈을 어마어마하게 벌었어요. 단 몇 년 만에 저 건물 올린 것 좀 보세요."

"아, 그래요?" 당황해하며 되물었더니 그가 말을 이었다.

"네, 제가 양 원장과 잘 압니다."

"기사님, 제가 양 원장입니다. 전에 뵌 적이 있지요?"

"네? 양외과 원장이라고요?" 택시기사가 놀라 나를 쳐다보며 물었다.

"네, 그렇습니다."

"제가 양외과에서 채용 검진을 받았었어요. 그때 뵀었죠."

"아, 그러셨군요"라며 짧게 담소를 나눈 뒤 택시에서 내렸다. 불과 몇 년 만에 번듯하게 건물을 세웠으니 저리 오해할 만도 하겠으나, 그 당시 내 속은 까맣게 타들어가고 있었다. 다름 아니라 자금조달 때문이었다.

대한생명에서 1억 2,000만 원을 빌려 총 2억 7,300만 원에 땅을 매입했다. 병원을 건축하려면 적어도 3~4억은 필요한데 이미 부채가 1억 2,000만 원이나 있었다. 하지만 "나는 병원을 지을 수 있다. 나는 가능하다"라고 되뇌이며 나 자신을 믿었다. 이후 대학 후배의 형님이 다리를 놔주어 경기은행에서 3억 원을 추가로 빌려 건물을 짓기로 했다.

그 정도면 충분히 건물 하나 짓고도 남을 거라고 생각했지만 착각이었다. 대한생명에서 빌린 돈을 우선 갚고 건물의 골조, 즉 뼈대를 세우고 나자 자금이 동이 나버린 것이다. 길거리를 가다 보면 공사가 중단되어 갈색 쇳덩이가 마구잡이로 세워진 채 천막으로 가려진 건물을 본 적이 있을 것이다. 거의 대부분 비용이 부족해 공사가 중단된 건물들이다. 나도 딱 그짝이 될 뻔했다. 3억 원으로는 골조 공사까지만 됐고, 이후엔 벽돌 한 장 올리지 못했기 때문이다.

나중에 건물을 다 짓고 보니 건평 350평의 총 건축 비용만 5억 원,

의료 장비 구입에 1억 원의 돈이 들어갔다. 정확히 내 예상보다 두 배의 비용이 들어갔다. 그러니 속이 타들어 갈 수밖에. 과연 이 부채를 갚아나갈 수 있을지 걱정이 되었다.

선 지름, 후 수습이라는 습관

이후 남양주에 중소병원을 지을 때는 더 가관이었다. 지하 3층, 지상 7층 규모로 짓다 보니 부지 매입에만 7억 원이 들어갔다. 양형규의원보다 2.5배나 많았다. 건축 비용도 보건복지부의 지원정책 중 하나인 정책자금으로 12억 원을 연 8% 이자로 빌렸는데, 문제는 이번에도 골조 공사를 마치자 자금이 뚝 떨어진 것이었다. 담보가 없어 추가로 대출조차 받지 못하는 상황에 직면했다. 이쯤 되면 명 축구 감독 히딩크가 2001년도 초반 유럽 강호와의 경기에서 5:0으로 계속 지자 언론에서 '오대영'이라는 별명을 붙였듯 '골조까지만'이라는 별명이 붙어도 할 말이 없다. 양형규의원을 지을 때도 골조 단계에서 자금이 소진되어 마음고생을 했는데, 어째서 나는 '선 지름, 후 수습'이라는 습관에서 벗어나지 못하는지 모르겠다.

"제가 그때 자본 대비 대출 비율이 1,500%였어요"라고 말하며 웃으면 듣는 사람도 배꼽을 잡고 함께 웃거나 멍한 표정을 지어 보인다. 아마 저 양반이 왜 저러나 싶은가 보다. 남양주에 양병원을 지으면서 어떻게 자금을 마련했는지는 뒤에서 자세히 이야기하겠다.

개인적으로 '처음'이라는 말을 좋아한다. 남들이 하지 않는 일에 덜 컥 도전하는 《버진다움을 찾아서》의 저자 리처드 브랜슨Richard Branson처럼 나이와 상관없이 '처음으로 경험하는 일'에 주저하지 않는 이들을 보면 나 역시 고무된다.

병원 공사를 진행하면서 '내가 왜 겁도 없이 이런 일을 벌였을까?' 하고 후회한 적도 있으나 지나고 보니 결과적으로는 다 피가 되고 살이 되는 소중한 경험이다. 피곤하기는 해도 '선 지름, 후 수습'이라는 습관은 당분간 지속될 것 같다.

뭐든 그렇지만 특히 '처음'에는 모든 에너지가 총동원된다. 해본 적이 없으니 시행착오를 겪게 되고, 그 와중에 심적 부담감은 풍선처럼 커진다. 나도 그랬다. 어린 자녀가 셋이나 있었기에 1분 1초가 내 앞에 서서 얼굴 도장을 찍고 가는 기분이었으니까. 시간의 무게감을 그때만큼 크게 느껴본 적이 없는 것 같다. 그래도 새로운 일에 한 쪽 발을 담그고, 끝내 머리끝까지 담갔을 때의 쾌감은 이루 말할 수 없다.

누구나 한번은, 조치훈이 목숨을 걸고 바둑을 두었듯 우리도 중요한 무언가를 걸고 승부를 봐야 하는 때와 마주하게 된다. 경험상 이것이 힘들어 회피하면 자신이 가질 수 있는 인생의 규모도 제한된다.

톨스토이의 소설을 만화로 표현한 마르탱 베롱Martin Veyron의 《인간에게는 얼마만큼의 땅이 필요한가》에는 '네가 오늘 간 곳까지가 네 땅이다'라는 말이 나온다. 이 말을 다시 말하면 내 걸음이 멈춘 이후의 인생은 내 것이 될 수 없다는 의미다. 누가 내 걸음을 멈추게 하고 인생의 규모를 제한했는가? 바로 나 자신이다.

"너를 멈추게 한 건 능력이 부족해서거나 타인의 시선 때문이 아니다. 스스로 쌓아 올린 벽 때문이다"라는 말에 동의한다. 언제나 나를 주저앉히는 대상은 나라는 사실을 기억하자. 허망한 신기루에 홀려 스스로 허물어지는 것도 경계하자. 그리고 건실하게 노력하고, 도전하라. 그래야만 '한 때는 뜨겁게 살아봤어'라는 기억을 자신에게 안겨 줄 수 있다.

66

내 걸음이 멈춘 이후의 인생은

내 것이 될 수 없다.

누가 내 걸음을 멈추게 하고

인생의 규모를 제한했는가?

바로 나 자신이다.

위기를 중간 돌로 두면
아무것도 아닌 게 된다

기회에 대한 나의 첫 번째 철학 '타이밍은 필연이라는 법칙'에 이어 두 번째 철학은 '중간 돌 법칙'이다. 이는 빈 공간, 결핍에 대한 해석과 연관이 있다. 우리는 아무것도 없는 것을 '가난', '~의 결핍'이라고 부른다. 그런데 이를 역으로 생각하면 공간 부자가 된다. 많은 것들로 채울 수 있으니 얼마나 다행인가. 신은 이미 채워진 곳에 기회를 내려주지 않는다.

나는 많은 것을 채울 수 있는 공간 부자이니, 현재 부족한 것을 적극적으로 채워나가기로 마음먹었다. 지금 생각하면 내 나름대로의 후츠파 정신으로 힘든 일이 생길 때마다 혼잣말로 외쳤다.

"이 좌절은 (열 번째 돌로 향하는) 첫 번째 돌이다."

"이 위기는 (열 번째 돌로 향하는) 두 번째 돌이다."

"이 실패는 (열 번째 돌로 향하는) 세 번째 돌이다."

"지금의 가난을 중간 돌로 만들자. 중간 돌이라는 게 뭔가. 최종 목표로 가는 디딤돌 중 하나이지 않은가"라고 수시로 입으로 내뱉었고, 실제 이 '중간 돌 법칙'은 위기를 극복하는 데 큰 힘이 되었다.

위기를 기회로 바꾸는 법

우여곡절 끝에 드디어 구리시에 5층짜리 신축 건물이 완성되었다. 생애 최초로 내 건물을 짓고 양형규의원이라는 병원을 개업한 것이다. 물론 빚더미이긴 했다. 매달 내야 할 이자만 당시 돈으로 600만 원이었다. 지금으로 치면 6,000만 원 정도다.

이는 부채로 끝나지 않고 무리수를 던지게 만들었다. 빨리 그 빚을 갚아야 한다는 위기감과 조급증이 발동했기 때문이다. 지금 생각하면 대장항문외과와 일반외과, 내과만 진료하는 병원으로 했다면 쉬웠을 텐데 외과, 내과, 정형외과, 소아과, 야간 응급실까지 하는 통에 직원이 40명이나 되었다.

수입 2억 5,000만 원, 지출 2억 3,000만 원.

이런 상황에서 연 1억 원의 소득세를 내야 했기 때문에 겨우 적자만 면하는 정도였다. 야간 응급실까지 운영하면서 고생은 실컷 했는데 소득은 별로 없었다.

하지만 이때도 나는 '지금 이 위기를 성공으로 가는 중간 돌로 두자'고 생각했다. 한 발, 두 발만 더 가면 마지막 돌을 밟을 수 있을 거라고, 그럼 이 위기는 과거가 된다고 스스로 독려했다.

생각의 힘이라는 것은 참 대단하다. 그렇게 마음을 먹자 병원 규모를 축소하거나 구조 조정에 나서는 선택이 아닌 오히려 중소병원으로 키워보는 쪽으로 목표를 상향 조정했다. 생각의 방향이 잡히니 행동의 방향도 생각을 따라갔다. 그때 수중에 있던 2억 원가량의 돈을 가지고 다시 신축 부지를 알아보기 시작했다. 누가 보면 "당신이 부동산 업자냐", "돈에 환장한 거냐"라며 욕할지도 모르겠지만 나는 내 생각의 방향으로 한 발 더 나아갔다.

나는 의사지만 병원을 경영하는 CEO이기도 하다. 돈을 벌어 함께 고생한 식구들 입에 먹거리를 넣어주어야 하는 보직이다. 돈을 벌려면 생각만 하지 말고 실행해야 한다. 아무것도 가진 것이 없는 사람이 돈 앞에서 우아만 떨다가는 굶어 죽을 수 있다. 경영자는 특히 그렇다. 《부의 추월차선》이라는 책을 보면 '스스로 돈이 열리는 나무가 되어야 한다'라고 쓰여 있는데 경영자일수록 이런 나무가 되기 위해 힘써야 한다. 그래야 직원들 입에 그 과실을 따다 넣어줄 수 있다.

두려워하지 마라! 빛도 자산이다

중소병원을 짓기로 목표를 세운 이상 물러설 일은 없었다. 허나 그놈의 돈이 문제였다. 아무리 20년 전이라 하더라도 달랑 2억 원이라는 금액으로는 서울에서 터를 잡기엔 무리였다. 서울에서 200평 정도의 땅을 물색하려면 적어도 10억 원 정도는 가지고 있어야 했다. 가진 것을 탈탈 털어보니 3억 원이 되어 그 돈만 가지고 땅을 물색하기 시작했다. 찾고 찾다 마침내 남양주 금곡동의 224평 땅으로 낙점하게 되었다. 평당 350만 원씩 총 토지 구입비는 6억 7,200만 원, 취득세 4%, 수수료와 등기료까지 모두 합하니 7억 원이 필요했다. 4억 원이 추가로 필요했는데, 구리시의 양형규의원을 담보로 경기은행에서 대출받아 토지를 구입할 수 있었다.

이제부터 빚의 향연, 대출 사다리를 보여드리려 한다. 말 그대로 대출을 받아내는 나만의 '빚 지식'이다. 빚도 분명히 자산이다. 따라서 투자를 주저하거나 사업을 구상하는 젊은이들에게 참고가 되길 바란다.

남양주 양병원은 단돈 3억 원으로 시작해 병원 개원 시점까지 60억 원이 소요되었다. 부채비율이 1,500%에 달했다. 중소병원을 짓다 보니 이전과는 완전히 스케일이 다른 비용이 투입되기 시작했다. 이제 됐다 싶으면 돈이 또 필요하고, 막았다 싶으면 다시 돈이 들어갔다. 병원 신축을 한다고 하자 지인이 "사업이란 돈의 역사다. 그중의 절반은 빚의 역사다"라고 이야기했는데, 그제야 무슨 뜻인지 알 수 있었다.

어렵사리 땅을 마련했지만 건물을 지어 올릴 자금이 필요했다. 돈 빌릴 곳을 찾다 보니 보건복지부의 '중소병원 지원자금'이란 게 눈에 들어왔다. 연리 8%였는데 그 당시 시중 금리가 13%인 걸 감안하면 아주 저렴한 이자율이었다. 병원의 예상 건평은 1,200평, 건평 당 100만 원 총 12억 원 대출이 승인되었다. 하지만 보건복지부 자금 12억 원으로 1,240평, 주차타워 150평 골조를 세우고 나니 자금이 동이 났다. 추가로 12억 원이 더 필요했다. '밑 빠진 독에 물 붓기'가 아닌가 하는 우려를 지울 수 없었지만, 그렇다고 포기할 순 없었다. 시작했으니 어떻게 해서든 끝을 봐야 했다. 그래야 양형규다. 고지가 코앞인데 이대로 주저앉을 수 없었다. 밤잠을 못 자고 고민하며 수소문한 끝에 신용보증대출제도를 알게 되었다.

남양주에 양병원 신축을 가능케 해준 신용보증대출제도를 자세히 알아보자. 사실 우리나라는 신용만으로는 대출이 잘 안 된다. 담보가 필요한데, 알아 보니 담보를 전문으로 빌려주는 곳이 있었다. 바로 신용보증기금이다. 신용보증대출은 신용보증기금이란 기관에서 해주며, 기업이 부담하는 각종 채무를 보증함으로써 유망한 기업을 지원해주는 제도다. 쉽게 말해, 제대로 된 담보가 없는 중소기업 대신 담보를 서주는 기관이라고 생각하면 된다. 중소기업에게는 어머니와 같은 존재이나 신용보증서를 발급받은 중소기업이 망했을 때는 신용보증기금에서 은행에 그 돈을 대신 갚아야 하므로 돈을 떼이는 경우가 많아 적자를 볼 수밖에 없는 구조다. 그래서 심사가 엄격하고 대출서류 작성이 은행보다 더 까다롭고 많다. 당연히 은행은 이 대출을 일반 대출보다 훨씬 선호한다. 중소기업이 망하더라도 신용보증기금에서 대신 돈을 갚아주기 때문이다.

나는 두 달 이상 신용보증기금 구리지점에서 살다시피 하며 서류를 마련했는데 이는 보통 일이 아니었다. 그렇게 해서 신용보증서를 받자마자 서울신탁은행에서 누가 대출을 받았다가 반납했던 전년도 중소병원 지원자금 11억 3,700만 원을 11% 금리로 대출받는 데 성공. 이게 다 내 인생을 도운 열 사람 중 한 명인 유정현 지점장님 덕분이다. 그는 중소기업을 살려야 한다는 철학을 가진 금융인으로, 은퇴 후에도 경기지방중소벤처기업청에서 중소기업을 대상으로 무료 상담을 하며 중소기업을 도와주는 큰형님 같은 분이다.

이렇게 병원 건축은 마무리됐는데 돈이 또 부족했다. 개원 준비에 들어가니 점입가경이었다. 수술기구, 내시경, 초음파, CT 장비와 같은 의료기기 구입에만 추가로 15억 원이 필요했다. 아마 유정현 지점장님과 만나지 않았더라면 오늘날의 남양주 양병원은 중간에 부도가 났을지도 모른다. 유 지점장님은 그다음 날로 나를 강남 소재의 산업은행 지점장에게 데려가 소개해주었다. 그러나 담보가 없는 게 문제였다.

"신용보증서를 한 번 사용하셨네요. 한 번 나간 신용보증서는 동일한 업체에게 또다시 적용할 수 없습니다. 이게 원칙입니다"라며 거절 의사를 밝혔다. 유 지점장님은 "양 원장, 지난달에 신용보증서 받을 때 의료장비까지 살 수 있도록 10억 원을 더 끊어놨어야 했는데, 내가 그 생각을 미처 못 했네"라며 후회했다. 나도 전혀 몰랐다. 낙담한 채 산업은행의 정문을 나서는데 고민하던 유 지점장님이 "참, 신용보증기금의 동생 격이 있어. 기술신용보증기금이라고"라며 그곳으로 나를 데려가셨다. 다행히 기술신용보증기금에서 보증서를 끊어 주어 그 돈으로 대출을 받는 데 성공. 무사히 개원 준비를 끝마칠 수 있었다. 마침내 구리시에 신축병원을 세운 지 6년 만에 남양주에 중소병원을 열게 되었다.

100%보다 큰
2%의 힘

기술신용보증기금 지점장님이 보증서를 끊어주면서 했던 이야기가
지금도 기억난다.

"양 원장이 젊은 사람이니 도와줄게요. 그런데 기업들이 부도가 나
는 것은 큰돈이 부족해서가 아니에요. 불과 2%의 돈이 부족해서 나
는 거죠. 이 점 꼭 명심하셔야 합니다"라며 내게 의미심장한 말을 해
주었다.

집으로 돌아오는 길에 수첩을 꺼내어 '100%<2%의 법칙'이라고 크
게 적었다. 더불어 '앞으로 100%보다 2%를 위해 전력투구를 다해야
한다'라며 나 자신을 독려했다.

이 공식은 다른 일상생활에도 고스란히 적용된다. 다 괜찮은데 딱 한 가지, 시간 개념이 부족한 후배가 있었다. 매번 20분 정도 늦는데 학교 다닐 때야 교수님이나 조교가 봐줘 그럭저럭 고비를 넘겼다. 시험 시간에도 늦어 한바탕 소동을 겪은 일도 있었다. 그 녀석은 늘 "아, 간발의 차이로 버스를 놓쳤어요", "간발의 차이로 이렇게 됐네"라는 변명을 하곤 했다. 그러나 간발의 차이로 원하는 결과를 얻지 못했다거나 단지 운 때문에 나쁜 결과를 맞게 됐다는 식의 사고는 나쁜 습관을 고치는 데 일절 도움이 되지 않는다. 오늘의 결과는 지금만이 아닌, 그동안 누적되어온 습관의 결과임을 깨달아야 비로소 변화를 도모할 수 있다. 2%밖에 안 되는 간발의 차이가 운명을 바꾸는 갈림길이 된다는 것을 반드시 기억해야 한다.

간발의 차이는 엄청난 노력의 결과물이다

나이가 들면 시간에 맞춰 약속 장소로 나가는 주니어 신분에서 시간에 맞춰 누군가를 기다리는 시니어 신분으로 바뀌게 된다. 그럼 이때의 10~20분이 그렇게 길게 느껴질 수가 없다.

두 사람이 있다고 가정해보자. 약속 시간에 늦어서 막 뛰어오는 사람과 제시간보다 일찍 오는 사람. 이 두 사람은 '첫인사의 공기'에서부터 차이가 느껴진다. 전자는 숨이 차니 5분 정도 쉬었다 미팅에 들어가야 할 것 같고, 후자는 여유 있는 미소를 띠고 있으니 어떤 주제라도 거침없이 나눌 수 있을 것 같다. 이 차이는 단 몇 분 차이가 만들어내는 것이지 한두 시간이 만드는 것이 결코 아니다.

본인 스스로 지각하는 것이 만성화됐다고 생각되면 지금 당장 다이어리를 꺼내라. 그리고 '1시간보다 큰 10분의 법칙'이라고 적어보자. 그런 다음 약속 전날 적은 내용을 반복해 읽다 보면 약속한 그날만큼은 시간에 늦지 않을 것이다. 이런 식으로 잘못된 습관을 고쳐나가면 된다.

잠시 이순신 장군에 대한 이야기를 해볼까 한다. 그는 전쟁 2~3년 전부터 배에 조그만 대포를 장착한 총통을 만들었고, 이 사실이 일본에 절대 유출되지 않도록 각별히 신경 썼다. 해적질을 해온 일본은 상대측 배에 부딪힌 뒤 상대 배에 올라타 전쟁을 벌이는 스타일이었다. 이 방법은 민간 어선에는 그런대로 통했을지 몰라도 이순신 장군의 배에서는 어림도 없는 전술이었다. 이순신 장군은 일본의 배가 50m까지 접근하면 총통으로 대포를 쏴 일본 배들을 침몰시켰다. 일본 배는 삼나무로 만들어졌기 때문에 한국의 단단한 소나무 배와 부딪히면 가차 없이 깨져나갔다. 어디 이뿐이랴. 이순신 장군은 큰 전쟁이 벌어질 것이라고 예상되면 며칠 전부터 해류를 관찰하며 작전을 짰다. 그 결과 일본 해군과의 전투에서 23:0으로 승리를 거두었다. 배 12척으로 일본의 130여 척의 배를 이긴 일화는 다들 알 것이다. 이순신 장군이야말로 10%만 가지고 100%를 이긴 대표적인 리더라고 할 수 있다.

많은 이들이 "간발의 차이로 졌어", "5분만 일찍 나왔어도 늦지 않았을 텐데"라며 안타까워하는데 이는 바보 같은 생각이다. 그 간발의 차이는 이전에 자신의 습관으로 형성된 결과이기 때문이다. 즉, 엄청난 시간과 노력의 합이 간발의 차이를 만든 것이다.

어디 돈이나 시간뿐이겠는가. 물은 100℃에서 끓는다. 98℃는 100℃에 가깝지만 2℃가 모자라서 끓지 못한다. 인생을 살면서 2%가 부족해 원하는 결과를 얻지 못하는 순간이 얼마나 많은가. 그래서 나는 내 아이들에게 "만약 2%의 노력이 부족해 결과가 안 나왔다면 그 2%는 나머지 98%보다 더 가치 있는 것"이라고 말한다. 이는 사실이다.

뛰어난 화가는 붓질을 남들보다 2% 더 해서 대가의 반열에 오를 수 있었으며, 올림픽 수영 챔피언은 남들보다 영법을 2% 더 연구하고 훈련해서 불과 0.1초 차이로 금메달 선수가 될 수 있었다. 2% 더 노력한 날들의 합이 메달 색깔을 가른 것이지, 수십 배의 노력 차이가 그렇게 만든 것이 아니다. '2% 추가된 노력의 누적'이 그들을 대가의 반열에 올려놓았음을 명심하라. 그러므로 자신이 바라는 바를 도모하려거든 마지막 한 점의 노력까지 아낌없이 쏟아부어야 한다. 나의 경험상 하던 일에 최선을 다하는 것이 새로운 일에 뛰어드는 것보다 훨씬 쉽다.

참고로 최선을 다해 도전했는데 실패했다고 해서 실망할 필요는 없다. 2%가 부족해 원하는 결과를 얻지 못했어도 98%의 노력이 완전히 허사는 아니기 때문이다. 에디슨은 숱한 실패 끝에 실험에 성공했으며, 구글이나 3M 등 기업들은 실패로부터 많은 것을 얻었다. 단, 자만심은 늘 경계해야 한다.

하나만 알면 하나도 모르는 시대가 온다

원숭이도 나무에서 떨어질 때가 있듯이 평소에 잘하던 사람이 사소한 실수로 그동안의 노력을 물거품으로 만들 때가 있다. 이는 자신이 가진 98%의 실력에 자만하여 2%를 허투루 생각해 실수로 이어지는 경우다. 항시 이것을 경계해야 함에도 뭔가 뜻대로 일이 풀리기 시작할 때쯤 이런 실수를 한다. 자기 실력에 대한 안심이 자만으로 이어진 것이다.

많은 이들이 일의 숙련도가 높아지면 '성급한 일반화의 오류Fallacy of Hasty Generalization'에 빠진다. '하나를 보면 열을 안다'가 대표적인 예라고 할 수 있다. 특히 이런 소리를 후배 의사들이 하면 나는 복부에서부터 소리를 모아 호통을 친다.

"원장님, 이쯤 되면 하나만 봐도 열을 알게 되잖아요."

"1만 보면 2부터 9까지는 어떻게 되는 건데?"

"네? 아니 그건……."

"환자들 케이스가 다 다른데 왜 중간 과정을 건너뛰려고 하지?"라며 나무란다.

꼼꼼함이 생명인 의료인에게만 해당되는 얘기는 아닐 것이다. 제한된 증거만 가지고 곧바로 결론을 내는 것이 성급한 일반화의 오류다. 이러한 오류는 앞으로 다가올 시대에서는 오히려 경쟁력을 떨어뜨릴 수 있다.

바야흐로 하나만 알면 열이 아니라 아무것도 모르는 시대가 된다.

제조업이 중심이던 2차 산업혁명 시대에서는 '통합=하나'로 문제를 푸는 것이 가능했지만, 이미 코앞까지 온 4차 산업혁명 시대에서는 '통합=하나에서 열까지'를 알아야 문제를 해결해나갈 수 있다.

통합력이라는 것이 뭔가? 열 가지 정보가 있다고 하면 1부터 10까지 꼼꼼히 살핀 다음 이 정보 안에서 공통으로 흐르는 수맥을 찾아내는 능력이다. 4차 산업혁명 시대에서 1부터 10까지 꼼꼼히 살피는 일은 인공지능이 맡을 것이다. 단, 이 정보들을 꿰뚫어 어디에도 없던 아이디어를 개발하는 일은 인간이 맡아야 한다. 이런 이유로 성급한 일반화의 오류, 2%를 하찮게 대하면 안 된다. 앞으로는 2%가 모든 결과의 값을 뒤바꿔놓을 것이다.

"

'2% 추가된 노력의 누적'이

그들을 대가의 반열에 올려놓았음을 명심하라.

그러므로 자신이 바라는 바를 도모하려거든

마지막 한 점의 노력까지 아낌없이 쏟아부어야 한다.

돈은 몸으로 배우는
체육이다

'예체능과 돈 벌기는 빨리 시작하는 사람을 이기지 못한다.'

이 역시 내 인생에서 빼놓을 수 없는 지론 중 하나다. 왜 그럴까? 둘 다 몸으로 익혀야 숙달이 가능한 것이기 때문이다.

흔히 대차대조표와 손익계산서를 가지고 이리저리 재보는 것을 경제활동이라고 여기는데, 돈은 그렇게 한다고 해서 모아지는 것이 아니다. 아무리 손익계산을 해봤자 실행하지 않으면 1,000만 원을 모으기 위해 매달 17만 원씩 5년간 적금을 붓는 사람을 결코 이길 수 없다. 돈은 어디까지나 체험 지식이다. 직접 부딪치면서 느낀 자기만의 감각을 알아차리는 사람만이 빨리 경제적 자유를 누릴 수 있다.

'부富의 감각'이란 게 무엇인가? '레버리지 효과가 무엇이고, 서울 부동산의 전망이 어떻고' 따위를 안다고 부의 감각이 생겨날까? 아니다. 자신이 어느 선까지 리스크를 감당하는 것이 가능한지 '스스로의 감정'으로 깨닫는 것이 부의 감각이다.

나는 이를 두고 '스트레스 그릇'이라고 표현한다. '누가 얼마만큼의 리스크를 감당할 수 있느냐' 즉, 어느 정도의 스트레스 그릇을 가졌느냐에 따라 그 크기에 맞게 돈이 담기는 것이다. 스스로 돈을 체험했을 때 '나는 밥그릇 정도만 감당할 수 있어', '나는 전골냄비만 한 크기를 가졌어'를 깨닫기만 하면 된다. 방 평수를 알아야 들여놓을 가구를 고를 수 있듯 돈에 대한 그릇의 크기를 알아야 투자 방법도 정할 수 있다. 그래서 나는 돈에 대한 감각을 키우기 위해 지금 당장 적은 돈으로라도 적금을 들라고 권하고 싶다.

은행 대출 창구에 가서 상담을 받아보는 것도 좋다. 나의 경제적 가치와 능력을 한 번에 파악할 수 있다. 무리하게 빚을 얻어 사업을 확장하라는 의미가 아니다. 은행의 대출 창구에 가보고, 신용보증기금에 가서 상담을 받아보는 경험. 담보의 기능이 무엇이고, 재직증명서가 어떤 힘을 발휘하며, 금융기관이 어떤 구조로 돌아가는지 직접 몸으로 부딪치고 깨닫는 경험. 이러한 경험만큼 돈에 대한 이해도와 돈의 감각을 높이는 방법은 없다. 나는 늘 이렇게 말한다.

"모든 부류의 사람과 친하게 지내면 좋다. 그중에서도 은행에 근무하는 사람과 부동산 중개인은 늘 가까이 지내야 한다."

금융을 모르면 돈의 감각을 키울 수 없다

부자일수록 돈에 관해 공부하고 경험하는 데 주저함이 없다. 무엇보다 빚 역시 자산으로 본다. '빚은 마음의 짐만 늘릴 뿐이야'라는 태도는 빚이 제공하는 가능성을 모르는 사람이다.

나는 늘 주위 사람들에게 "5,000만 원 정도 있으면 어디에라도 좋으니 1억 5,000만 원 정도 대출을 받아 땅을 사세요"라고 권한다. 통상적으로 한국은 정권이 바뀌면 인플레이션이 몰아닥친다. 이는 개인적인 의견이 아니라 실제로 일어나는 경기 변동이고, 많은 경제학자도 동의하는 대목이다. 인플레이션이 무엇인가. 어제의 돈의 가치가 오늘이나 미래의 돈의 가치보다 높은 것을 의미하는 것이 아닌가. 어제는 1만 원 주고 살 수 있던 물건을 오늘이나 내일은 더 비싸게 주고 사야 하는 경제 현상. 즉, 현금 가치가 하락하는 것이 인플레이션이다.

부연하자면 정치인들이 선거를 앞두고 국민의 눈을 커지게 만들려면 어떻게 해야 할까. 무한 혜택, 눈에 팍팍 띄는 공약을 내걸어야 한다. 이 공약을 내세워 당선되면 정부는 공약을 지키기 위해 국책 사업을 벌이고, 무한 복지를 주요 정책으로 가져갈 수밖에 없다. 이를 전문 용어로 '큰 정부를 지향한다'라고 하는데, 문제는 이 과정에서 돈을 엄청나게 찍어내는 데 있다. 바로 이것이 인플레이션을 부르는 직접적인 원인이다. 즉 인플레이션이 오면 현금 가치가 하락한다. 이를 다르게 말하면 '현금이 아닌 자산', 부동산이나 주식의 가치가 상승하는 것을 의미한다. 이런 이유로 여윳돈이 있으면 땅을 조금이라도 사두라고 조언하는 것이다.

이참에 나라의 정책을 펴는 분들에게 제안하고 싶다. 요즘 나라에서 스타트업과 같은 청년 사업, 경력단절 여성을 지원하는 사업 등 여러 정책을 펴고 있는데, 나는 처음 사업을 시작하려는 청년들에게 금융 교육을 심도 있게 시키는 과정이 진행되었으면 좋겠다. 그냥 앉아서 강의만 듣는 것이 아니라 강사와 함께 금융기관을 방문해 개인별로 상담을 받아보는 일까지 과정 안에 넣는 것이다. 어차피 사업을 하려면 사회에 발을 들여놓아야 하는데, 다소 심리적 허들이 높은 금융기관에 발이라도 담가보는 경험은 이들에게는 큰 공부가 될 수 있다.

IMF와 외화대출로 병원이 휘청거리다

다시 내 이야기로 돌아가보자. 어느 날, 회계 담당 과장이 숨 가쁘게 내게 다가왔다.

"원장님, 큰일 났어요! 대출을 상환하라는 통보가 날아왔어요."
"갑자기 얼마를 돌려 달라는데?"
"5억 원이요."

1997년 11월, IMF가 대한민국을 휩쓸었다. 우리 병원에도 IMF 쓰나미가 들이닥쳤다. 경기은행에서 양형규의원을 담보로 9억 원가량 대출을 받았는데 갑자기 5억 원을 상환하라는 통보가 날아든 것이다.

이때 나의 스트레스 그릇, 즉 부의 그릇이 어느 정도인지 느낄 수 있었다. IMF 이전까지 내 부의 그릇은 무한대에 가까운 수준이었다.

그러나 IMF는 한 개인이 감당할 수 있는 외부 변수가 아니다. 당연히 몸을 낮추고 현상 유지에 공을 들이는 것이 맞다고 판단한 나는 처음으로 내 부의 그릇을 '무한에서 유한'으로 전환했다. 아마 이 경험이 없었다면 '대출의 무서움'에 대해 몰랐을 것이다.

한숨밖에 나오지 않았다. 바닥이 꺼진다는 것을 처음 느껴본 것 같다. 그도 그럴 것이 경기은행이 한미은행에 합병되면서 한미은행은 경기은행의 대출금을 상당 부분 회수했는데, 우리 병원도 여기에 포함되었다. 게다가 평소 친하게 지내던 경기은행 직원들도 85%가 실업자 신세가 되어 내가 도와주면 도와줬지 그들에게 도움을 요청할 형편이 되지 못했다. 경기은행의 모든 자료를 인수인계받은 한미은행은 비 올 때 우산을 뺏는 식으로 칼같이 돈을 받아 갔다. 아마 이 시기에 한국의 일자리가 3분의 1 정도 사라졌을 것이다. 특히 제조업이 직격탄을 맞았다. 이때 가장 크게 타격을 본 곳이 인천의 국가산업단지인 남동공단이다. 남동공단에 있는 공장의 절반이 경기은행에서 돈을 빌렸고, 그 결과 그중 절반의 공장은 문을 닫아야 했다.

엎친 데 덮친 격으로 외화대출 문제까지 불거져 양병원은 그야말로 풍전등화 신세였다. 대출받을 당시 1달러당 780원 했던 환율이 2,000원까지 올라 그 차액만큼 고스란히 손실을 봐야 했기 때문이다.

이 억울한 사연은 이렇다. 양병원 건축을 위해 대출을 알아보고 있던 때, 마침 고등학교 동창생이 산업은행의 미국 워싱턴지점에서 근무하다 한국으로 돌아왔다. 국제통화 전문가인 그 친구에게 대출을 한국 화폐로 받을 것인지 외환으로 받을 것인지를 두고 자문을 구했는데 이 사단이 일어났다. 친구는 한화가 강세를 보일 것이니 외화로 대출을 받아두라고 적극적으로 권했다. 그런데 얼마 안 있어 IMF가 터져 환율이 폭등했고 나는 뼈아픈 손실을 떠안아야만 했다. 나는 친구에게 농담 반 하소연 반으로 이렇게 말했다.

"친구야! 너 세계적인 외환 전문가 맞아? 산업은행의 최고 외환 전문가인데 어쩌면 이렇게 전망을 못 해서 나에게 피해를 줄 수 있어?"

"미안해. 연초에 언론과 KDIKorea Development Institute(한국개발연구원) 등 국책연구기관도 전부 한화 강세를 전망했어. 그래서 나도 그렇게 예측했어"라며 무척 미안해했다. 그러나 손실은 손실이었다. 그때 깨달았다. 외화로 대출을 받으면 이자는 한국 돈으로 받지만 환차손을 크게 입을 수 있다는 사실을. 이 경험 이후 나는 외화대출의 '외'자만 나와도 손사래를 친다. 내게 엔화대출을 권하며 "원하면 언제든지 한화로 바꾸어주겠다"라는 각서까지 써 주겠다는 것을 거절한 적도 있다. 주식은 여러 지표가 있어 예측이 가능하지만, 환율은 이런 지표 자체가 없어 예측이 불가능하다고 판단해 문을 걸어 잠갔다.

이처럼 경기은행 대출금 50%의 부채 상환과 외화대출 모두 IMF가 불러온 경제적 비극이었다. 하지만 이를 계기로 내 부의 그릇을 공고히 다지는 계기가 되었으니 나쁜 일이라고만 생각하지는 않는다.

"

'부富의 감각'이란 게 무엇인가?

'레버리지 효과가 무엇이고,

서울 부동산의 전망이 어떻고'

따위를 안다고 부의 감각이 생겨날까?

아니다. 자신이 어느 선까지

리스크를 감당하는 것이 가능한지

'스스로의 감정'으로 깨닫는 것이 부의 감각이다.

일본 앞으로
의자를 바짝 당겨서 앉다

이어령 교수의 《축소지향의 일본인》이라는 책을 보면 '일본 접이식 부채의 야망'에 대한 내용이 나온다. 일본은 뭐든 작게 만드는 것을 좋아해 미니어처 강국으로도 손꼽히는데, 그중 하나가 한 손에 쏙 들어오는 부채다. 한국 관광객들이 일본에 가면 하나 정도 사 오는 기념품이기도 하다.

그런데 이 부채를 펼치면 작았던 크기가 순식간에 커지는 광경을 볼 수 있다. 이어령 교수는 이것이야말로 일본의 '야망을 내비치는 전형적인 모습'이라고 말했다. 일종의 눈속임이라는 것이다. 상대에게는 작고 앙증맞은 모습으로 다가가 어떠한 경계심도 갖지 않도록 무장해제시키지만, 뒤로는 세계의 주인이 되겠다는 야망을 펼쳐 보이는 민족이라는 것이다. 처음에 보이는 그들의 작은 모습만 보고 '뭐 별거 없네!'라고 생각하다가는 큰코다치기 십상이라는 의미다. 그들이 최종적으로 좇는 미래로 눈을 돌려야 그들이 하려는 일에 대비할 수 있다.

"그들은 왜 작게 만들까?"라는 질문을 우리 스스로 가져야 한다.
"어디든 쉽게 이동이 가능하며, 원하는 곳에 도착해서는 제 모습을 보이기 위해"라는 답을 가슴에 품어주면 더욱 고맙겠다.

최고는 가까운 곳에 있었다

아베 총리가 반도체 핵심 소재인 에칭가스에 대해서만 수출 제한 조치를 내린 것도 이러한 꿍꿍이 성향과 무관해 보이지 않는다. 일본이 한국을 못살게 굴고 견제하니 일본을 배척하고 미워해야만 할까? 이는 근시안적인 발상이다. 오히려 그들의 좋은 것을 잔뜩 배워와 한국의 것으로 만들고, 일본이 하려는 앞으로의 일들을 내다보고 그들과의 경쟁에서 승기를 잡는 자세가 중요하다. 그러기 위해서라도 일본이라는 나라 앞으로 의자를 바짝 당겨 앉아 그들을 속속들이 들여다봐야 한다.

일본이라는 나라의 국가적 방향은 외교관이나 대통령이 공부해 나가면 되고, 나는 대장항문외과 의사이니 일본의 대장항문외과 의사들을 공부해 나가면 된다. 그래서 오래전부터 찾아가 배우며 스승으로 모시는 분들이 있다. 바로 스미꼬시, 이와다레, 다까노 스승님들이다. 이분들 중 이와다레 스승님과의 인연은 남양주에 양병원을 개원하는 날로 거슬러 올라간다.

1996년 11월, 남양주 양병원의 신축일이 다가오자 마음이 분주해졌다. 마침 일본 대장항문과병원과 미국 대장항문과병원 연수가 맞물려 병원을 개원하면 다녀올 생각을 하고 있었는데, 주변에서 "개원하면 그럴 새가 없다. 개원 전에 다녀오는 것이 좋겠다"라고 하는 통에 부랴부랴 떠나게 되었다. 모교인 연세의대 세브란스병원의 외과 주임 교수이셨던 은사 박정수 교수님을 찾아뵙고 외과 의사 한 명을 파견해 달라고 부탁한 뒤 곧장 미국과 일본으로 떠났다.

먼저 도착한 곳은 미국이었다. 미국 클리블랜드 클리닉 플로리다 병원의 대장항문 연수과정은 세계적으로 정평이 나 있다. 특히 '신의 손'이라 불리는 복강경 수술 권위자인 스티브 웩스너Steve D. Wexner 박사는 책에서나 보던 4시간짜리 난이도 높은 대장암 복강경 수술을 2시간 만에, 그것도 큰 출혈 없이 해냈다. 이 광경을 보고 놀라움을 감추지 못했다. 왜 그가 세계 최고인지 느낄 수 있었다. 그가 외래 진료를 볼 때 자신이 환자 보는 것을 참관하도록 했는데 개원을 앞둔 나로선 큰 동기부여가 되었다.

클리블랜드 클리닉 플로리다 병원이 위치한 포트로달래에서 매년 열리는 3일간의 국제 콘퍼런스에는 전 세계에서 약 1,000명의 대장항

문외과 의사가 모여든다. 치핵, 치열, 치루뿐 아니라 직장항문 생리와
골반저질환, 즉 직장류, 직장탈출증, 변실금 등에 특히 강점을 보이는
콘퍼런스다. 치료가 힘든 직장질루를 점막전진피판술로 수술하는 것
을 라이브로 보여줬는데 무척 감명 깊었다. 대장암, 직장암 등은 그
당시 최첨단이었던 복강경 수술로 보여줬는데 '세계 일류 의사란 이
런 것이구나!'를 느낄 수 있었다.

　그렇게 미국에서의 일정을 마친 뒤 일본행 비행기에 몸을 실었다.
아마 이때부터였을 것이다. 세계 일류인 스티브 웩스너 박사보다 더
뛰어난 외과 의사가 이웃나라 일본에 수도 없이 많다는 것을 깨달은
때가. 특히 치질, 치루, 치열 등 양성항문질환과 대장내시경, 대장용
종 등은 세계 최고 수준이었다. 이때부터 나는 일본 앞으로 의자를
당겨 앉기 시작했다.

선수층이 두꺼운 일본의 병원들

대장내시경이라고 하면 별것 아니라고 여길지 모르나 대장항문외과
와 소화기내과에서 의사의 실력을 평가하는 중요한 기준이다. 결코
쉬운 시술이 아니다. 보통 대장내시경을 처음 해보는 의사가 1년간
500여 번의 대장내시경을 했을 때 맹장까지 도달하는 시간은 20분 정
도 걸린다. 이는 레벨로 치면 1단계에 해당된다. 그리고 나서 1,000회
의 케이스를 돌파하면 10분 정도로 시간이 단축되는데, 이는 레벨로
3단계 수준이다. 어디 가서 "저 대장내시경 좀 해요"라고 말할 수 있는

단계라고 보면 된다. 그렇다면 최고 수준인 5단계는 어느 정도일까? 이 수준이 되면 맹장까지 진입하는 데 걸리는 시간은 단 2~3분 이내다. 우리는 이를 '대가의 경지'라고 부른다. 바둑으로 치면 입신의 경지에 다다랐다고 볼 수 있다. 이런 입신의 경지에 다다른 의사가 일본에 1,000명이 있다면 한국은 100명도 꼽기 힘들다.

　　요코하마 북쪽의 미나미 지하철역에서 5분 거리에 있는 쇼와의대 북부병원에는 '대장내시경계의 그루'라고 할 수 있는 구도 선생이 있다. 구도 교수는 1947년생으로 《조기대장암》이라는 책을 일본판과 영문판으로 동시에 출간하면서 세계적인 의사가 되었다. 그렇다면 그의 밑에서 배운 제자들은 얼마나 실력이 뛰어날까.

　　쇼와의대 북부병원의 소화기내과 의사인 사사지마씨는 구도 선생의 제자로, 그때 나이는 고작 34살이었다. 우리나라로 치면 레지던트 7년 차, 펠로우 3년 차에 해당하는데, 3,000회 정도의 대장내시경 시술 경험이 있으며 맹장까지 진입하는 데 걸리는 시간은 2~3분 안팎이었다. '역시 구도 선생의 제자들은 다르구나'라고 생각했는데 일본을 방문한 마지막 날, 마쓰시마병원에 가서 그의 실력이 평균이라는 사실을 깨달았다. 마쓰시마병원의 내과 의사 한 분이 대장내시경하는 것을 참관했다. 보다 보니 어느새 10회가 다 끝나 있었다. 평균 3분 만에 맹장까지 진입했기 때문이다. 시술이 끝난 후 그 의사를 향해 훌륭하다며 인사를 건네자 그곳에 있는 한국인 간호사가 웃으며 말을 했다.

"저분은 이곳에 있는 의사 선생님들 중 제일 못하는 분이에요."

물론 자랑삼아 과장도 했겠지만 어쨌든 대단했다.

나도 모르게 한숨이 나왔다. 이곳에서 가장 못하는 의사가 한국에 가면 거의 최정상급 수준이기 때문이다. 나만 해도 당시 2,000~3,000회 정도의 대장내시경 시술 경험이 있었지만 맹장까지 도달하는 데 걸리는 시간은 10분 정도였다. 일본에서 가장 못하는 의사와 한국에서 중간 이상은 된다고 생각하는 의사의 실력 차이가 이렇게 많이 벌어지고 있었다. 그런데 저런 선수들이 마쓰시마병원에만 8~9명이나 더 있다는 소리가 아닌가. '선수층이 두껍다'라는 점에서 얼마나 부러웠는지 모른다.

배우고 나서가 중요하다

"대장내시경 가지고 웬 호들갑이냐?"라고 할지 모르나 여기에서 그치지 않으니 문제다. 일본을 미워만 하지 말고, 좋은 것이 있으면 가져와 경쟁력의 근간으로 만들라는 생각은 나의 경험 때문이다. 일본의 이와다레 스승님은 결찰과 절제법 치핵 수술을 1회 하는데 10분 내로 완벽하게 마친다. 오전 3시간 동안 20개의 치질(치핵) 수술을 거뜬히 해낸다. 이 역시 바둑으로 치면 9단에 해당하는 수준이다. 신의 경지에 이른 수술을 직접 목격하고 나니 한국에 돌아와서도 한동안 잠이 오지 않았다.

나는 치핵에서 항문을 보존하는 수술인 '점막하절제술'을 은사 심민

철 교수님께 배운 후 수정하여 시행하고 있는데, 문제는 시간이 많이 걸린다는 데 있다. 이 수술의 원조인 영국 세인트막병원의 A.G. 팍스 교수도 1시간 30분 정도 걸리며, 술기가 까다로워 그 병원의 다른 의사들은 이 수술을 하지도 못한다. 국내의 다른 의사들도 이 수술은 1시간 30분 이상 걸린다.

나의 점막하절제술과는 다른 수술 방법을 하시지만, 이와다레 스승님의 수술을 보고 온 후 1년 동안 여러 번의 시행착오와 연구 끝에 나만의 '초고속으로 진행되는 점막하절제술'을 개발하는데 성공했다. 물론 수술 시간도 15~20분 이내로 마치게 되었다. 이후 나는 벽에 부딪힐 때마다 이와다레 스승님의 수술을 참관하러 일본으로 떠났고 그렇게 나만의 수술법을 보완시켜 나갔다.

이렇듯, 누가 뭐래도 나는 일본을 배우려고 애쓴다. 단지 배우는 것에 그치는 것이 아니라 그들의 기술을 항상 주의 깊게 관찰하고 어떻게 하면 그들을 능가할 수 있을지 궁리한다.

1 영국 세인트막병원 단기연수 시절 세계적 대장항문외과 의사 필립스와 함께 수술실에서.
2 1996년 동경사회보험중앙병원 단기연수 시절 세계적 대장항문외과 의사 스미꼬시 스승님과 함께.
3 1996년 미국 클리블랜드 클리닉 플로리다 병원 단기연수 시절 세계적 대장항문외과 의사 스티브 웩스너와 함께(사진 왼쪽부터 나, 스티브 웩스너 박사, 연세의대 김남규 교수).

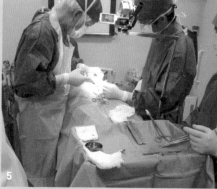
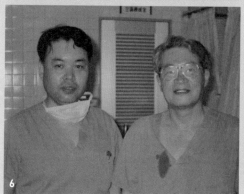

4 동경사회보험중앙병원의 부원장으로 계시다 긴자에 병원을 개업하신 이와다레 스승님과 함께. 나의 은사이자 롤모델이셨다.

5 2012년 이와다레준이치클리닉을 방문했을 당시 참관한 이와다레 스승님의 치핵 수술.

6 1996년 다까노병원 단기연수 시절 다까노 스승님과 함께.

7 2019년 다까노병원이 신축하여 방문했을 때 다까노 스승님과 함께. 이제 나이가 들어 등이 굽어 계셔서 마음이 아팠다.

구리시 명문고 만들기 프로젝트

제2의 고향인 구리시에서 양형규의원을 개원할 때부터 나는 구리시 교육에 큰 관심을 기울였다. 구리시에서 태어난 3명의 내 아이들이 이곳에서 공부해야 했기 때문이기도 하지만, 이곳에서 병원을 개원하므로 지역의 교육 발전을 위해 나름 기여하고 싶었다. 누구 말마따나 '노벨상과 교육'은 내가 죽을 때까지 짊어져야 할 운명인 것 같다.

서울 변두리나 위성도시에 사는 부모들은 서울에 사는 부모들에 비해 대체로 경제력이 좋지 않다. 먹고살기 바빠 자녀 교육이나 학습의 질에 관심은 크더라도 그것을 뒷받침하는 데 어려움이 있다. 그럼에도 오늘날 너나 할 것 없이 자녀 교육에 힘쓰는 것은 가난의 대물림을

끊기 위한 수단이 교육밖에 없다고 믿기 때문이다.

그렇다면 강남 8학군에 다니는 학생들 수준은 아니어도, '구리시에서도 충분히 해볼 만하다' 정도는 되어야 하지 않을까 생각했다. 또 이래야 우리 병원에 좋은 의사를 모셔오는 일도 수월하다. 아무리 연봉을 많이 줘도 자녀의 학군 때문에 구리시로 오는 것을 꺼리거나 설사 왔더라도 교육의 질이 떨어져 의사들이 이직하는 일이 내겐 큰 리스크 중 하나였다.

위성도시의 명문고를 찾아서

그래서 가장 먼저 한 일이 벤치마킹이었다. '왜 저 학교는 명문고가 되었을까?'에 대한 답을 얻기 위해 강남 8학군부터 훑어나갔다. 8학군은 강남구와 서초구 일대의 학교를 말하며 많은 학생이 명문대에 진학하는 교육 특구로 알려져 있다. 그런데 8학군의 신화가 가능할 수 있었던 데는 당시 정부 주도하에 이뤄진 경제개발정책의 수혜를 입은 신흥 부유층이 학부모로 버티고 사교육을 많이 시켰기 때문이다.

이런 이유로 강남은 구리시의 교육 모델이 될 수 없었다. 경제력으로 비교할 대상이 아니었다. 8학군은 벤치마킹 대상에서 제외했다. 대신 구리시와 비슷한 환경을 가진 지역의 명문고를 찾아 나섰다. 그래서 찾은 곳이 바로 부천고등학교였다. '서울의 위성도시이면서 부모의 경제력도 구리시와 비슷한데 저 학교는 어떻게 매년 서울대 40명, 연세대와 고려대까지 합하면 100명 이상을 명문대에 보낼 수 있었을까?'

에 대한 답을 얻기 위해 그 학교의 선생님에게 전화를 걸었다.

"구리시 교육 발전을 위해 자문을 구하고 싶은데, 한 번 만나 뵐 수 있을까요?"
"그럼요. 기꺼이 시간을 내드려야죠."

부천고등학교는 1회부터 5회 졸업생까지 이른바 'SKY'라고 하는 명문대에 진학한 학생이 단 한 명도 없던 곳이다. 이 지역의 우등생들은 서울이나 인천의 명문고가 위치한 지역으로 위장 전입하여 통학하는 경우가 많았다. 이때 부천고를 명문고로 탈바꿈시키는 데 당시 고3 학년 주임인 이이남 선생님이 혁혁한 공을 세웠다. 부천고는 그를 중심으로 '특급 프로젝트'를 시행하기 시작했다.

6회 졸업생이 고등학교 3학년이 되자 이이남 선생님과 3학년 담임 교사들은 학교 한쪽 구석에 직접 시멘트 블록으로 조그만 건물 한 동을 지었다. 30명의 학생을 합숙시키면서 지도할 목적에서였다. '집에 가면 공부의 흐름이 흐트러지니 한데 모아서 교육시켜 보자. 모르는 것도 교사에게 물어 즉시 해결할 수 있다'라는 발상으로 시작한 합숙 프로젝트는 당시로써는 꽤 파격적이었지만 결과는 대성공이었다. 그해에만 11명을 서울대에 합격시키면서 명문고로 우뚝 서게 되었다. 이러다 보니 다음 해에는 서울이나 인천에서 공부깨나 한다는 우수한 학생들이 오히려 부천고에 진학하기 위해 이사를 오거나 위장 전입하는 상황이 연출되며 수도권 최고의 명문고가 되었다.

어딜 가나 어른들 욕심이 문제다

나는 이 이야기에 고무되어 '구리시도 해낼 수 있다'라는 일념으로 지역민들을 모아 '구리시 장학회'를 발족시켰다. 돈이 있어야 장학금을 주든, 기숙사를 짓든, 도서관을 짓든 할 수 있을 테니까. 놀랍게도 장학회를 발족시키자마자 8억 원 정도가 모였다. 이후 점점 단위가 커져 20억 원 이상의 돈이 모였다. 그만큼 구리시의 명문고 탄생을 바라는 지역 어른들이 많았다는 반증일 터. 하지만 돈의 단위가 커지면 잡음이 따라온다는 것을 그때는 몰랐다. 처음에는 명문고 육성이라는 뜻에 너도 나도 힘을 보탰지만 이러한 순수한 열망은 어느새 시장과 국회의원 선거의 당선 도구로 둔갑했고, 이 내부 분열에 에너지가 쓰이면서 명문고 만드는 일은 뒷전으로 밀려나고 말았다.

이 과정을 지켜보면서 나는 큰 상처와 좌절을 경험했다. 학생들을 위해 명문고를 만들려는 소명이 일부 지도자들의 욕심으로 산산조각 났고, 여기에는 내 책임도 적지 않았다는 판단에서다. 이후 서울의 강동구로 집을 옮기고 동시에 남양주에 신축한 병원이 완성되어 병원 이사도 병행하게 되었다. 아직도 가슴 아픈 기억으로 남아 있다.

세 번의 철거를 당하고, 의대에 입학했지만 돈이 없어 학원을 운영하면서 등록금을 충당한 나는 가난이 공부를 포기하게 만드는 이유가 되어서는 안 된다고 생각한다. 집안의 어른이 뒷받침을 해주지 못하면 지역의 어른, 나라의 어른이라도 나서서 도와야 한다. 개천뿐 아니라 산이고 섬이고 할 것 없이 용이 나오는 사회를 만들어야 한다. 그래야 이스라엘, 싱가포르처럼 일류 인재를 배출하는 국가가 될 자격이 있다.

블루오션
시프트를 기억하라

새로운 것만 보면 호기심이 발동하는 나는 요즘 AIArtificial Intelligence(인공지능)에 심취해 있다. 그래서 서점에 가기만 하면 관련 도서를 사온다. 마케팅 책을 파는 진열대에 가도 AI, 트렌드 서적을 파는 진열대에 가도 AI, 베스트셀러 매대에 가도 AI. 무언가에 이끌리듯 인공지능이나 4차 산업혁명과 관련한 키워드만 있으면 죄다 수집한다. 그러다 발견한 2권의 '인생 책'이 있는데 하나는 《AI 슈퍼파워》이고, 다른 하나는 《블루오션 시프트》이다. 이 두 권의 책을 심도 있게 읽어야겠다는 생각이 들었다. 이유인즉슨 미래 산업을 내다보고, 그에 관해 주변 사람과 공유하는 데 이만한 텍스트가 없다고 판단했기 때문이다.

디카페인 블랙커피 1잔

분말 녹차 1잔

블랙커피 2잔

"원장님, 이번에 드시면 커피 3잔째예요"라는 직원의 말이 있기 전까지 내가 커피를 그렇게 많이 마신 줄 몰랐다. 《AI 슈퍼파워》라는 책을 보면서 스트레스를 받아 나도 모르게 커피에 손이 갔나 보다.

직원 말로는 내가 혼잣말로 '큰일이다. 한국은 언제 쫓아가냐'라는 소리만 반복했다고 한다. 중국의 인공지능 관련 기업의 수가 미국을 앞질러 가고 있다는 내용에 조급증을 느낀 나는 마침 작년 하반기에 수료한 카이스트 CEO과정 〈뉴프런티어 4차 산업혁명과정〉을 뛰어넘는 새 목표를 구상하기에 이른다. 바로 '의료 AI 회사 설립과 AI 대학원대학 설립'이 그것이다. 수업만 듣고 마는 것은 내 스타일이 아니다. 뭔가 결과물을 만들어내야 직성이 풀린다.

읽고 실천하고 공유하는 'RAS 독서법'

"우리는 우리가 읽은 것으로부터 만들어진다."

예일대학교 사회심리학자 존 바그John Bargh가 한 말이다. 우리가 먹은 것으로부터 몸이 만들어지듯 우리가 읽은 것으로부터 정신이 만들어진다. 그래서 독서 습관이 중요하다.

책은 나에게 삶에 필요한 모든 아이디어를 제공해주는 영감의 비서다. 눈으로만 읽고 그치는 것이 아니라 《AI 슈퍼파워》에 고무되어 'AI 대학원대학 설립'에 박차를 가하고 있는 것처럼, 나는 책에서 준 미션을 삶 안으로 들여놓는 것을 좋아한다. 어떤 책이든 읽고 나면 비서실 박 과장에게 이것저것 물으니, 나의 독서법에 'RAS 독서법'이라는 이름을 붙여주었다. 그게 무슨 뜻이냐고 묻자 풀이를 해주었다.

Reading(읽는다), Action(행한다), Share(공유한다)의 앞글자를 따서 'RAS 독서법'이라는 것이다.

꽤 그럴듯하여 나도 이 용어를 즐겨 사용한다. 읽고 행하는 것은 알겠는데 공유는 뭐냐? 책의 내용에 대해 주변 사람과 나누는 것을 의미한다. '멀리 가려면 함께 가라'는 말이 있는데, 함께 가는 방법 중 좋은 정보를 나누는 것만 한 것이 없다.

작년 11월, 김위찬과 르네 마보안이 쓴 《블루오션 시프트》책을 활용해 직원들과 워크숍을 진행했다. 이 책을 300권가량 사서 전 직원에게 나눠주었을 뿐 아니라 만나는 사람에게 1권씩 선물로 주고 있다. 그만큼 내게 큰 영감을 준 스승이다. 책 분량이 꽤 두꺼워 읽는데 어려움이 있지만, 책 내용 중 가장 인상 깊은 것을 하나 꼽는다면 '가치는 높이고, 가격은 낮추는 존Zone이 앞으로 시장을 이끌어나갈 블루오션 시프트 존'이라는 내용이다. 이 내용을 그래프로 그리면 다음과 같다.

미래 먹거리, 블루오션 시프트

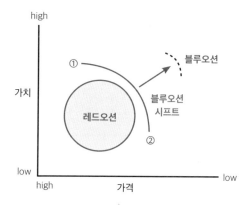

이 그래프만 놓고 보면 이해가 되지 않을 수 있어 워크숍 진행 도중 직원들에게 낸 퀴즈를 소개해본다. 여러분도 맞춰보길 바란다.

퀴즈 1. 가치가 높고, 가격도 높은 물건에는 뭐가 있을까?
퀴즈 2. 가치가 낮고 가격도 저렴한 것이 있다면 무엇일까?

내가 예상한 대로 첫 질문에는 많은 답이 나왔다. 명품 백, 다이슨 무선 청소기, 공기청정기, 스타일러 등 다양하게 나온 반면 두 번째 질문에는 답은 나오지 않았다. 내가 "여러분이 그렇게 좋아하는 다이소가 있지 않느냐"라고 말하자 다들 한바탕 웃었다. 이제 진짜 풀어야 할 문제는 다음이다.

퀴즈 3. 가치는 높은데 가격이 낮은 것은 무엇일까?

선뜻 생각나는 답이 없을 것이다. 이때 직원 한 명이 "한국방송통신대학이나 폴리텍대학"이라고 말했다. 얼추 근접한 대답이다. 둘 다 학비는 저렴하지만, 여느 대학과 마찬가지로 학위를 주므로 가치는 높다. 아마 이외에는 국내에서 찾아볼 만한 예가 많지 않은 것 같다. 책에서는 다음과 같이 설명하고 있다.

레드오션과 블루오션의 도식적 표현

① 가치가 높고 가격도 높다 : 다이슨 무선 청소기

② 가치가 낮고 가격이 낮다 : 다이소

③ 가치가 높고 가격이 낮다 : 말레이시아 CRP 교도소

⇨ 민주주의 자유경제체제에서는 기존 시장인 ①, ② 즉 레드오션으로 몰리는데, 이것을 블루오션인 ③으로 바꾸면 성공할 수 있다.

가격은 낮은데 가치가 높은 대표적인 예로 책에서는 말레이시아의 CRP 교도소를 꼽았다. 교도소는 거의 모든 나라에서 만원이다. 그렇다고 또 짓자니 비용이 엄청나게 들어가 큰 고민이다. 말레이시아 정부는 이를 해결하기 위해 군사기지의 유휴시설을 놀리는 대신 군인들이 지키는 교도소로 활용할 방안을 생각해냈다. 여기서 그치지 않았다. 재소자들을 격리해야 할 범죄자로만 대하지 않고 인격체로 존중해주었다. 가족 면회 시 유리창을 사이에 두고 조그만 구멍을 통해 대

화하는 대신 과감히 장벽을 없애 가족과 서로 손을 잡고, 껴안고, 울고 웃으며 다시 가정을 행복하게 꾸려나갈 존재임을 확인시켜 주었다. 또한 기술 인력으로 키워 자립하게 할 정책을 펼쳐나갔다. 이들이 출소 후 밖에 나가서 제대로 된 삶을 꾸릴 수 있도록 농작물 재배 방법과 자동차 정비와 같은 기술을 직업학교처럼 교육시키고, 사업에 나설 수 있도록 대출도 알선해 주었다. 새 삶을 살 수 있도록 전폭 지원한 것이다.

우리로서는 감히 상상도 못 할 일이다. 신용이 대출의 기준인데 어떻게 재소자에게 대출을 해준다는 말인가. 그러나 CRP 교도소 운영진의 생각은 달랐다. 그들을 믿어주는 것. 여기에서부터 혁신이 싹틀 수 있음을 안 것이다. 결과는 대성공이었다. CRP 교도소는 건설비 면에서 타 교도소와 비교했을 때 85% 이상 저렴했으며, 경범죄자의 재범률이 90% 이상 감소해 전 세계를 놀라게 했다. 모든 나라가 교도소 부족으로 골머리를 썩는데 여기서는 군 유휴시설을 이용했고, 이마저도 남아돌게 되었다. 가치는 정량화가 불가능할 정도로 엄청나 세계적으로 이슈가 되었다.

우리나라 신문에 났던 한 사례다. 도둑질로 교도소에 들어왔던 재소자가 출소 5일 만에 다시 교도소에 들어왔다. 교도관이 물었다.

"너 왜 또 들어왔어?"

그러자 재소자는 "형님, 배가 고파서 또 한 건 했죠. 저는 교도소에서 공짜 밥이나 먹어야 하는 팔자인가 봐요."

실제로 예전에는 교도소에 가려고 좀도둑질을 한 후 경찰에 자진 신고하는 경우가 종종 있었다. 범죄자가 출소 후 사회에 적응하기는 쉽지 않다. 그러나 말레이시아의 범죄자들은 CRP 교도소에서 자신의 인생이 확 바뀌었다고 말한다.

"저에게 다시 한번 기회가 주어졌어요. CRP 교도소에서 새로운 기술을 배우고 저축한 돈으로 오토바이 수리업체를 창업했습니다."

어떠한가. CRP 교도소야말로 가격은 낮추고, 가치를 높이는 대표적인 예라고 생각되지 않는가? 바로 이것이 블루오션 시프트다.

'또 배움'이다. 유대인이 뿔뿔이 흩어지는 자국민들에게 질문·토론식 하브루타 수업을 통해 '학습 능력'을 내재화하는 데 총력을 기울였듯이 말레이시아 정부 역시 교도소 수감자를 '교육'을 통해 사회 부적응자에서 '생산자'로 탈바꿈시켰다.

기승전 '배움'이다

이렇게 영감을 주는 책을 읽었는데 '리딩'에서 그칠 내가 아니다. 행하고 공유할 거리를 발굴하겠다는 일념으로 열심히 골몰해 나갔다.

가장 먼저 한 일은 나의 버킷리스트 중 세모로 표기된 항목(아직도 진행 중인 항목)들을 추려 하나의 카테고리로 묶는 일이었다.

배움과 관련된 세모 항목들
- AI 대학원대학 건립

- 청년 화가 육성

- 사내 대학 만들기

- 양병원 고졸 직원 전원 학사 만들기

- 세계적인 외과 의사 되기 위해 논문 쓰기, 책 쓰기

- 지역사회의 청춘들을 복사기 및 자동차 정비기술자로 키우기

- 청춘 스타트업을 돕는 사단법인 만들기

추려냈더니 또 '배움'이다. 배움의 대상은 나를 포함해 병원 직원들, 나아가 지역사회의 청년들이다. 지금 생각해도 나란 사람은 의사가 아니라 교육자의 길로 들어섰어야 했다. 전생에 도산서원의 책임자였을까, 책을 읽고 공부할 때가 제일 행복하다.

이 리스트 중 기술 교육이 눈에 들어올 것이다. 직원을 불러 "복사기 정비기술 교육과정에 대해 알아봐 달라"고 부탁하자 '저 양반이 또 뭔 짓을 꾸미려고 하나?'라는 표정으로 바라보았다. 사람들이 몰라서 그렇지 복사기 정비기술 하나만 갖고도 먹고사는 것이 가능하다. 소모품만 팔아도 어느 정도 수입이 보장되는 만큼 고등학교 졸업 후 '뭘 해야 할까' 고민만 하는 청년들을 교육해 자립시켜주고 싶다는 생각을 오래전부터 해오던 참이었다. 물론 이 기술 말고도 여러 과정을 고려 중인데 기회가 된다면 나도 '블루오션 시프트'의 취지에 맞게 'Blue Shirts-English Project'를 진행해보고 싶다. 말 그대로 블루셔츠들에게 영어를 교육시키는 과정이다.

영어야말로 새로운 세모, 블루셔츠 시프트

"제조업이 다 망했다."

"삼성이 아산시 탕정에 13조 원을 투자한다지만, 베트남에는 20조 원을 푼다더라" 등 제조업 위험론이 고개를 드는 작금의 현실이다. 오래전부터 이는 예견된 수순이었다. 대기업들이 값싼 노동력이 있는 동남아로 공장을 내보내고, 고부가가치 산업만 국내에 남겨두는 현상은 앞으로도 가속화될 전망이다. 삼성만 이렇게 하는 것이 아니다.

그런데 나는 이러한 흐름에서 묘한 틈이 보였다. 한국 기업들이 공장을 베트남이나 인도네시아, 멕시코 등지로 내보낼 때 현지인을 관리하는 업무는 보통 한국인에게 맡긴다. 하도 병원에 다양한 직업을 가진 이들이 오다 보니 전해 듣는 이야기가 많은데, 중소기업 사장이나 임원들의 고민은 대체로 한결같다.

"기술을 가진 한국인 직원을 파견하고 싶어도 영어가 안 돼요. 그렇다고 영어가 되는 직원을 보내자니 그들은 기술에 대해 아는 바가 없고요."

나는 이 말을 듣고 '바로 이거다!'라는 생각이 들었다. 영어가 되는 기술인 양성에 힘을 쏟으면 국익에 보탬이 되는 것은 물론 '블루오션 시프트'의 선례가 될 수 있겠다는 판단에서다. 병원의 세미나실이 비는 날에 영어 강사를 초빙해 환자들을 대상으로 교육하면 '낮은 비용'으로 '높은 가치'를 창출할 수 있다. 우리 병원은 이들을 잠재 고객으로 데려갈 수 있으니 윈윈 전략이 될 수 있다.

제조업은 엔지니어들이 이른바 화이트셔츠 직원보다 높은 대우를 받는다. 이들의 생산량에 따라 회사의 매출이 결정되므로 회사에서 대우를 해주는 것이다. 특허도 대부분 현직 엔지니어들에게서 나오기 때문에 꽤 높은 부가가치를 창출할 수 있는 인력이다. 그들에게 언어만 교육한다면 낮은 비용으로 높은 가치 창출이 가능해질 수 있다. 그래서 2020년 나의 버킷리스트 안에 '블루셔츠 시프트'를 새롭게 추가했다.

아직도 영어가 문제다

영어 이야기가 나왔으니 얘기를 좀 더 해볼까 한다. 제조업에 종사하는 엔지니어들만 영어 공부가 필요할까. 남녀노소 모두 영어를 기본으로 배워야 한다. 중국계, 말레이시아계, 인도네시아계 등 여러 민족이 뒤엉켜 사는 싱가포르의 리콴유 총리는 영어를 과감히 공용어로 채택해 싱가포르를 국제적인 일류 도시로 만들었다. 우리도 영어를 제2 모국어로 채택했더라면 지금보다 더 일찍 일류 국가가 되었을 것이다. 지금이라도 MBC, KBS, SBS 공중파 방송에서 영어 방송을 1개씩은 의무적으로 만들어야 한다.

내가 싱가포르에서 택시를 타보니, 교육을 별로 받지 못한 택시기사도 우리나라에서 대학교육을 받은 사람보다 영어 회화가 능통했다. 우리나라의 경우 영어를 최소 6년 이상 배우지만 회화는 중학생 수준의 것도 자유자재로 구사하지 못한다. 영어를 한국어로 옮기는 교육에 주안점을 두어 한국어를 영어로 만드는 것은 쉬운 문장일지라도 어려워한다. 그래서 외국인을 만나면 덜컥 겁부터 낸다. 해석은 못하더라도 영어로 말을 할 수 있어야 한다. 중학교만 졸업해도 영어로 웬만큼 의사소통이 가능하도록 교육해야 한다. 영어시험도 독해 위주에서 듣기와 말하기로 바꾸어야 한다. 그래야 부존자원이 없어 교역으로 먹고살아야 하는 우리의 숙명을 풀어나갈 수 있다.

한국이나 일본도 실력만으로는 세계적인 의사가 많으나 영어 실력이 부족해 동네 의사로 머무르는 경우가 부지기수다. 나는 2018년 6월,

모스크바대학 주최로 열린 국제 콘퍼런스에 초청을 받아 3일간 4개의 강의를 하고 온 적 있다. 강의는 영어 PPT로 작성하여 잘 진행되었다. 문제는 강의 후 질의응답 시간이었다. 언어가 능통하게 안 되니 질문에 동문서답하기가 일쑤. 학회 일정이 끝나고 세계적 의사들과 관광을 할 때도 영어가 능통하지 못해 꿀 먹은 벙어리가 되어 누가 물으면 웃음으로만 답했던 가슴 시린 추억이 있다. 그때 결심했다. 2~3년 내로 영어 회화에 능통해지겠다고.

한 번은 해외에서 열리는 학회에 참석하길 머뭇거리는 의사를 보낸 적이 있다.

"원장님, 제가 진료 스케줄이 많아서 학회 참석은……."

"무조건 다녀와."

그가 학회 참석을 꺼린 이유는 진료 일정이 빠듯한 것도 있겠으나 그보다는 영어에 자신이 없어서였다. 이해도 되지만 괜히 겁이 나게 하는 영어 울렁증을 없애야 한다. 사실 몰라서 그렇지 항문질환 분야에서 한국과 일본은 세계에서도 앞서 있는 그룹이다. 세계 최고의 수준이지만 유럽과 미국 등지에 이 같은 사실이 알려지지 않은 이유는 영어 실력이 부족해 영어로 논문을 작성하는 데 어려움을 겪고 국제학회에서 발표를 못 하기 때문이다. 정말 영어가 대한민국 일류 의사 여러 명의 발목을 잡는다.

도토리 키 재기 같지만, 한국과 일본 의료인 중 누가 영어에 능숙할까. 정확한 데이터가 나와 있는 것은 아니나 나의 경험으로 보면 일본이 조금 나은 것 같다. 일본은 연구 인력을 세계적인 학자로 키우기 위해 처음부터 영어로 논문을 쓰도록 정책화되어 있다. 일본의 최대 논문 검색 웹사이트에만 들어가도 일본어보다 영어로 검색할 때 원하는 자료를 쉽게 찾을 수 있다. 국민의 평균적인 영어 실력은 한국이 앞설지 모르나 의학계에서는 그렇지 않다. 그래서 내가 그토록 우리 양병원 의사들에게 영문 논문을 읽게 하고, 해외 출판사에서 책을 출간하라고 종용하는 것이다. 나 역시 《치핵, hemorrhoid》라는 책을 세계적 미국 출판사인 스프링거에서 출간했다. 앞으로도 계속 영어로 책을 내고 논문을 쓸 뿐 아니라 해외에서 학술 발표를 해나갈 생각이다.

경쟁력은 전환 비용의 차이가 만든다

현재 사용 중인 A를 B로 바꿔서 사용하고자 할 때 투입되는 비용을 '전환 비용Switching Cost'이라고 부른다. 기존 직원이 그만두면서 다른 직원이 그 자리를 대체하도록 교육하는 데 드는 비용이라든가, 자동차 배터리를 새것으로 바꾸는 일, 이사한 새집에 적응하는데 들어가는 비용 모두 전환 비용이다. 언어도 마찬가지다.

내가 '처음부터 세계를 향해 의제를 던지는 것'을 강조하는 이유는 전환 비용을 줄일 수 있는 방법이기 때문이다.

의료계에 핵폭풍을 일으킬 만한 연구에 성공했다고 해보자. 이것을 모국어로 발표한 다음 영어로 바꿔 세계 저널에 실리는 것과 처음부터 영어로 써서 세계 학회지에 실리는 것 사이에는 '물리적인 시차'가 존재한다. 여기에도 전환 비용이라는 개념이 적용된다. 모국어에서 영어로 전환하는데 드는 시간적·경제적 비용이 '경쟁력'을 잃게 만들 수 있다. 만약 다른 팀에서 유사한 연구를 하여 먼저 세계의 주요 저널에 실린다면 우리는 후발주자로 신분이 강등되면서 선구자가 누리는 모든 혜택을 구경만 하고 있어야 한다. 0.01초 단위로 변하는 세상에서 전환 비용을 줄이는 일은 화폐 가치만큼 중요하다.

이 전환 비용을 줄이는 방법은 오직 한 가지. 처음부터 세계 학회지를 목표로 연구를 진행하고 발표하는 것이다. 앞으로 양병원의 의사들과 우리나라 의사들이 해야 할 중요한 역할이다.

못하면 나가야 하는
양병원의 공부법

2020년 9월, 세브란스병원 에비슨관 강단에서 제2회 국제직장항문질
환 콘퍼런스Asian Pacific Protologic Conference, APPC를 개최한다. '대장항문병학
에서의 AI 이용의 장래성'이라는 주제로 나고야대학교의 모리 켄사쿠
박사를 초청해 세미나를 열 계획이다. 일본은 이미 인공지능을 이용하
여 대장내시경으로 용종을 절제할 때 그 용종이 선종, 염증성 용종, 증
식성 용종 중 어느 것인지, 선종이라면 그 용종이 암일 확률이 얼마인
지 즉시 정확하게 알 수 있다. 뿐만 아니라 올림푸스에서는 이 기술이
탑재된 기기를 현재 판매하고 있다.

　이미 모리 박사가 만든 이런 AI 장비를 들여놓고 환자들을 치료하는

국내 의사가 있는 반면 이런 기술이 있다는 것도, 옆 나라에서 만들어 져 시판되고 있다는 것도 모르는 의사도 많다. 그래서 이번 콘퍼런스 를 통해 한국의 많은 의사들과 이 같은 소식을 공유할 계획이다.

모리 켄사쿠 박사를 섭외하는 과정에서 한 가지 재밌는 일화가 있 다. 강연 섭외를 요청한 뒤 정확히 일주일 만에 답을 받았다. 보통 하 루 이틀 안에 이메일로 답이 오는데 최종 답신을 주기까지 일주일이 나 걸렸다는 것은 모리 박사가 여러 가지 고민을 했다는 증거다.

"나는 일본인인데 한국에 가서 새로운 기술을 풀어놓아도 좋을지 생각할 시간이 필요했어요. 그렇지만 어차피 알려질 거라면 내가 직 접 알려주는 것이 나을 거라고 생각했죠. 기술에 국경을 두는 것은 치 사하지 않습니까?"라고 그는 답을 했다.

그의 생각을 들으면서 동시에 나는 '그래, 이런 세계적인 학자를 양 병원에서도 한 번 배출해보자'라는 결심을 세웠다. 택도 없는 소리가 아니다. 후츠파 정신으로 밀어붙이면 못할 것이 없다.

시스템과 맨투맨의 차이

1949년 교토대 유가와 히데키 물리학 교수가 노벨물리학상을 탔다. 그는 원자의 핵 속에 양성자들이 서로 밀어내지 않는 것은 중간자가 있기 때문이라고 생각해 이를 발표했고, 제자들이 그것을 수학적으로 증명했다. 유가와 히데키 교수는 노벨물리학상을 탄 것에 그치지 않고 이후 교토대에서 자신의 제자로 있던 4명에게도 노벨물리학상을 안겨 주었다. 한 사람이 노벨상을 수상한 것도 대단한데 제자까지 줄줄이 세계적인 반열에 올려놓는 것은 대단한 일이다.

일본에서 열리는 대장항문학회에 갈 때마다 실력이 뛰어난 의사의 강의를 듣고 나면 그를 붙잡고 이것저것 묻는다. '뭐가 좋은지' 알아야 우리도 적용할지 말지 결정할 수 있지 않겠는가. 어미 새가 새끼들에게 먹이를 물어다 주는 심정으로 열심히 알아보고, 한국에 와서 이것을 우리나라 의사들에게 알려줄 때 그렇게 뿌듯할 수가 없다. 내가 이번 2020년 가을, 모리 박사를 초빙해 콘퍼런스를 열고, 일본 야마시타 교수의 《의료 AI 입문》 책을 번역하는 것도 모두 같은 맥락이다.

여러 차례 일본을 다녀오면서 염치를 무릅쓰고 그들에게 물어본 결과, 우리나라 의료계와 일본 의료계가 차이 나는 이유를 찾을 수 있었다. 바로 의사를 훈련시키는 양국의 수련체계였다. 양국 모두 의사들을 수련하는 방식이 도제식 교육인 것은 동일하다. 하지만 일본의 수련과정은 '시스템화'된 느낌이 강한 반면, 한국의 수련체계는 '1:1 개인화된' 느낌이 강하다.

시스템과 맨투맨은 차이가 크다. 시스템은 다수에게 수혜가 돌아갈 뿐 아니라 가르치는 입장에서도 품이 덜 든다. 그러나 맨투맨은 프리미엄급 인재가 나올 가능성은 높지만 특정인에게만 혜택이 돌아간다. 꼼꼼히 지도 편달을 받아 일괄 교육을 받은 이보다 우수할 가능성이 높다. 하지만 나는 시스템으로 수련할 때의 장점을 맨투맨이 이길 수 없다고 본다. 시스템으로 수련했을 때 나타날 수 있는 최대 이익은 장점과 단점의 일관성이다.

'이런 시스템을 여러 의사에게 적용했더니 이런 단점이 공통으로 생겨나네'라는 식으로 보완해야 할 구멍이 뚜렷하게 보인다. 그만큼 민첩하게 보완책을 마련할 수 있다. 이는 맨투맨으로 지도할 때 기대할 수 없는 '발견'으로 한국 의료계가 되짚어봐야 할 대목이라고 생각한다.

양병원 의사들의 공부 시스템

일본의 의사 수련체계에서 깨달은 바가 있는 나는 한국식 수련방식인 '1:1 맨투맨'과 일본식 수련방식인 '시스템'을 합친 프로그램을 만들었다. 대표적인 프로그램이 대장항문 아카데미다. 대장내시경의 실기를 가르칠 목적으로 2주 코스로 개설했다. 의사 한 명씩 수련시키되 특정인에게만 기회를 주는 것이 아니라 모든 의사를 대상으로 일괄적으로 수련 시스템을 적용하는 방식이다.

그 첫 번째가 필기시험이다. 우리 병원에 들어오는 의사들은 입사 후 6개월 동안 일주일에 한 번씩 미리 지정해준 대장항문학 책을 공부한 뒤 내가 출제하는 시험을 봐야 한다. 면접 시 이에 대해 미리 말해 동의를 받는다. 양병원 고등학교로 생각하고 할 수 있으면 들어오고, 할 수 없으면 미리 포기하라고 말하곤 한다. 내가 저술했거나 번역했던 대장항문외과 서적과 세계 유수의 학자들의 논문을 1주 단위로 한 권씩 선정해서 준 뒤 그 안에서 문제를 출제하며 매주 금요일 아침에 시험을 치고 60점 밑이면 과락으로 다음 주에 재시험을 본다. 물론 시험 결과를 가지고 그 자리에서 토론도 한다.

한 의사는 40점을 받고 재시험을 보게 되자 억울했는지 "원장님, 이번에는 제가 문제를 낼 테니 원장님이 시험 한번 보실래요?"라며 후츠파 정신을 보여주어 얼마나 웃었는지 모른다. 이 친구는 그다음 주 재시험에서 90점의 고득점을 받고 현재 잘 적응하고 있다.

6개월의 이 과정을 마치면 최신 논문들을 읽게 한다. 1년에 한 번씩 외국에서 열리는 학회에 다녀오도록 권하는데, 미리 논문을 훑는 것만으로도 큰 도움이 된다. 어느 정도 학계의 흐름과 배경지식을 알고 참석하는 것과 그렇지 않은 상태에서 참석하는 것은 지식 습득 면에서 차이가 크다. 여기까지가 '인풋 시스템'이다.

다음은 '아웃풋 시스템'으로 초록 발표와 논문을 1년에 1건 이상 쓰게 하고 있다. 양병원 출판부를 통해 책도 출판할 것을 권장한다.

평소 "아웃풋은 또 다른 인풋이다"라고 직원들을 독려하는데, 특정 주제로 발표하기 위해서는 관련 자료를 되새김하는 '인풋의 과정'이 수반되기 때문이다. 이것을 못 하겠다고 하면 강제 사직도 불사한다. 이러한 수련을 5년 정도 받으면 치핵, 치루, 직장항문생리, 괄약부전, 대장내시경과 치료, 대장암 등 적어도 한 분야에서만큼은 진정한 전문가라고 자신 있게 말할 수 있다. 혹시 아는가? 이들 중에서 노벨생리의학상 수상자가 탄생될지. 교토대 유가와 히데키 교수의 제자들처럼 말이다.

양병원만의 대장내시경 과외법

대한민국 대장항문외과 의사나 내과 의사들을 위해 2주 코스의 대장내시경 술기 수련인 야마Yang Anorectal Medical Academy, YAMA를 10년 전부터 해오고 있다. 사실 미국, 영국, 일본 등 세계 각국의 대장항문외과 의사들은 모두 대장내시경을 잘한다. 의료 선진국 중에서 대장항문외과 의사들이 대장내시경을 못하는 나라는 한국이 유일하지 않을까 싶다. 내가 20여 년 전부터 대한대장항문학회 상임이사, 수석부회장을 역임하면서 강력히 주장하여 우리나라도 대장항문외과 펠로우 과정이나 외과 전문의 수련과정 중에 대장내시경 술기 수련을 시작하는 곳이 많아졌으나 아직도 서툰 편이다.

나는 양병원을 영국의 세인트막병원처럼 국제적 교육기관으로 발전시키고 싶다. 양병원에서는 대장항문외과 의사를 뽑으면 양성항문질환의 이론과 더불어 반드시 대장내시경 술기를 교육한다. 사실 대장항문외과 의사에게 대장내시경을 가르치려면 시간의 50% 이상을 여기에 쏟아부어야 한다. 그래서 우리나라 대장항문전문병원 대부분은 대장내시경을 하던 의사들에게만 계속 시키는 경우가 많다. 나는 월급을 주면서 대장항문외과 의사에게 대장내시경을 수련시키고 있다. 첫 6개월은 양성항문 이론 교육을 하면서 대장내시경을 같이 수련시킨다. 양성항문질환은 기초 수련에 1년이 소요되고, 5년이 되어야 완전히 완성되어 권위자가 된다. 이것이 양병원 출신의 의사들이 개업했을 때 성황을 이루는 비밀이기도 하다.

외과 의사에게 손은
두 번째 심장이다

처음에는 우리 병원의 의사 양성체계에 대한 반대의 목소리가 만만치
않았다. 여기가 무슨 고등학교도 아니고, 시험을 본다고 해서 세계적
인 학자가 되는 것도 아니라는 이유에서다. 그럼 나는 "세계적인 연구
자는 못되더라도, 나중에 자기 병원을 개업했을 때 실력 부족으로 망
하는 일은 없을 것이다"라고 설득했다.

의사라고 다 같은 의사가 아니다. 실력이 부족해서 페이 닥터로 이
곳저곳을 배회하거나 제대로 된 임상 경험 없이 떠도는 의사가 한둘
이 아니다. 그래서 처음 채용할 때 이론 교육과 시험을 6개월 간 보니
동의하는 사람만 오라고 하는 것이다. 새로운 수술법을 창안하려면

직장항문의 해부와 생리에 능통해야 한다. 양병원은 의사들을 단순한 수술 기술자로 만드는 곳이 아니다. 세계적 학자이자 의사로 육성하는 곳이다.

"비싼 등록금 내며 어렵게 의학을 공부한 것은 (흰)가운 병에 걸리라고 한 것이 아니다"라며 종종 배움을 게을리하는 후배 의사들을 나무랄 때가 있다. 의사 가운만 걸치면 자신이 뭐라도 된 것 마냥 으스대는 것에 비해 실력이 모자라는 친구들은 의사라고 말하고 다녀서는 안 된다. 자신이 선택한 진료과의 모든 질환에 대해 끝없이 습득해나가는 자세만이 의사의 자격을 주는 것이다. 나는 이 과정을 5년으로 본다. 기술직은 실무를 익히기 시작해서 10년이 되어야 완성된다. 학자의 길도 대학교육을 마시고 석사 2년, 박사 3년 적어도 5년은 넘어야 한다. 여기서 또 5년이 지나야 스스로의 힘으로 연구할 수 있는 학자가 되는 것이다. 이런 이유로 양병원에 온 이상 그들을 편안히 놔둘수 없다.

내가 출제하는 대부분의 문제는 실전과 관련된 내용으로, 현장에서 주로 접하는 임상과 수술에 관한 것들이다. 대장내시경만 잘하고 다른 질환에 문외한이면 반쪽짜리 의사이지 그게 무슨 대장항문외과 의사인가. 이럴 때는 대장내시경 전문의라고 해야지, 대장항문외과 의사라고 과대포장해서는 안 된다. 대장항문외과 의사 뿐 아니라 모든 외과 의사들은 손으로 밥 벌어 먹고사는 직업인이라고 해도 과언이 아니다.

사람의 신체 장기 중 심장에만 암이 생기지 않는다는 것을 아는가. 췌장암, 대장암, 위암, 간암, 유방암 등 각 기관에서는 암이 발병하는데 왜 가장 많은 일을 하는 심장에만 암이 발병하지 않은 걸까. 항상 뜨거운 열정의 온도로 제 역할을 수행하기 때문이다. 빠른 속도로 피를 분출하고 움직이기 때문에 암세포가 정착할 수 없고, 뜨거운 온도로 인해 새로운 암세포가 발생할 수도 없다. 여기에 빗대어 보면 모든 외과 의사에게 손은 두 번째 심장이나 다름이 없다. 심장만큼 뜨겁게 열정을 다해 손을 사용해야만 환자의 생명을 살릴 수 있기 때문이다.

외과 의사는 손기술의 장인이다

'인체 내부에 심장이 있다면 손은 인체 바깥에서 심장이 시키는 일을 수행한다. 그래서 손은 두 번째 심장이다.'

이런 신념으로 우리 병원은 이론 수업 못지않게 수술 훈련을 강도 높게 진행한다. 특히 우리 병원은 항문 기능을 보존하는 수술을 하고 있는데 치핵은 '거상치질수술'로, 치루는 괄약근을 되도록 자르지 않는 '괄약근 보존술식'으로, 대장암은 '복강경'으로 진행한다. 이런 수술은 적어도 1년 이상 훈련을 시켜 완전한 외과의로서 정체성을 갖게 한후 혼자 수술을 하게 한다. 이러한 나의 생각에 더욱 힘을 실어준 사람이 있다. 연세의대 후배 S 선생이다. 실력과 인품이 훌륭해 지금 운영하는 의원도 그럭저럭 잘되고 있는데, 나를 만나기만 하면 "그때 선배님 병원으로 갔어야 했는데, 이제라도 받아줄 수 있어요?"라며 농담 반 진담반으로 말한다.

후배가 저렇게 말하는 데는 그럴만한 이유가 있다. 외과뿐 아니라 모든 과의 젊은 의사들은 수련 후 대학병원이나 큰 종합병원에서 일하기를 희망한다. 청년들이 대기업이나 공기업을 희망하는 것과 같다. 물론 그곳에서 한 분야의 커리어를 계속해서 쌓을 수 있으면 금상첨화겠지만, 대학병원의 교수직은 TO가 적은 편이다. 대부분 펠로우 (임상강사)까지 마치면 다른 곳으로 자리를 옮긴다. 그 후에도 경쟁력을 갖출 수 있는 곳으로 옮기면 상관없으나 '남들 눈에 좋아 보이는 큰 병원'으로 가서 일반외과 전 분야를 조금씩 하다 보면 자신만이 할 수 있는 세부 전공의 핵심 기술을 연마할 기회를 놓칠 수 있다.

S 선생은 선배가 하던 대장항문외과를 인수받을 기회도 몇 번 있었다. 그러나 대장내시경을 못하고 항문 수술도 본격적으로 배운 적이 없다. 그래도 나는 1년 과정의 펠로우 과정으로 받아들여 대장내시경뿐 아니라 수술도 성의껏 가르쳐주려 했다. 그러나 술자리에서는 진지하게 말해 놓고 다음 날엔 말이 바뀌었다. 아마도 1년 동안 펠로우 과정을 하게 되면 수입이 줄어들어 가족들의 생활비를 감당할 수 없기 때문이리라.

"내년쯤에 해볼게요"라는 말만 하다 몇 년이 흘렀고 그러다가 50세가 넘고 말았다. "선배님, 이제는 눈이 잘 보이지 않아 수술을 못 배울 것 같아요. 그냥 지금까지 해온 대로 소아과, 내과, 외과 봉합술 등으로 먹고 살아야겠어요"라며 자신의 생각을 전했다.

종합병원 외과 의사는 맹장, 탈장, 담석증, 위암, 대장암 등 수술을 폭넓게 하다 보면 치질, 치루, 치열이나 유방외과 등 전문 분야의 수련 기회가 적은 단점이 있다. 하지만 개업을 하면 이런 전문적인 분야 한 가지를 택해야만 한다. 우리나라 의료시스템에서는 의원이라 하더라도 한 분야는 대학병원을 능가해야 환자가 와서 수술을 받는다. 후배가 내게 후회의 말을 던지는 것도 다 이 때문이다.

배움에도 다 때가 있다. 60세가 넘어 도전해도 되는 공부도 있지만, 손으로 하는 공부는 시기를 놓치면 되돌릴 길이 없다.

외과 의사는 '손기술의 장인'이라고 말한 것을 기억하는가. 이 말은 즉, 연령 제한이 있다는 의미다. 50세가 넘어 대장항문외과 수술을 배우는 것은 현실적으로 거의 불가능하다. 내가 아무리 후츠파의 도전 정신을 높이 산다고 해도 환자의 생명을 걸고서 하는 도전에는 반대다. 대장내시경을 완전히 손에 익히려면 2년은 족히 걸리는데 언제 따라잡겠는가. 만약 머리로만 학습이 가능했다면 S 선생은 인품과 실력을 겸비한 사람이니 지금이라도 시작했을 것이다.

대학병원이 아니어도 연구를 해야 한다

우리 병원은 외과 레지던트를 마치고 대장항문외과 펠로우 과정을 받은 전문의를 채용하는데, 이때부터 1년 정도 혹독한 수련기간을 거친 후 실제 임상과 수술에 투입시킨다. 총 2~3년 정도 집중적으로 수련을 시키고 있다. 하드 트레이닝 덕분인지 양병원 출신의 의사들은 개원을 하면 대부분 성공을 거두고 있다. 이런 소식을 들을 때마다 얼마나 뿌듯한지 모른다.

이렇게 수련한 결과 양병원 의사들은 학회 발표, 연제 발표, 심포지엄 발표 등 학술 활동에서 두각을 나타낸다. "아니 어떻게 대학병원도 아닌데 학술 활동이 활발한 거죠?"라며 비결을 물어보는데, 대학병원이 아니기 때문에 가능하다는 발상의 전환이 필요하다. 대학병원에서 자주 경험하지 못하는 괴사성 근막염 같은 항문의 난치성 질환 등은 오히려 우리 같은 대장항문 특화병원에서 경험할 기회가 많으며, 최종 치료병원이 될 수 있다.

영국의 세인트막병원은 단 50병상에 불과하지만 3차 병원이다. 우리나라 의료전달체계 기준이었다면 2차 병원이지만, 병원의 역량을 인정받아 3차 병원으로 지정되었다. 이와 반대로 우리나라는 1차, 2차, 3차 병원을 병상 수로만 구분하는데, 이는 문제가 있다. 1차 병원은 의원급, 2차 병원은 30병상 이상의 종합병원, 3차 병원은 1,000병상 이상의 상급종합병원으로 나뉜다. 하지만 우리나라에서 치질 수술은 500병상 이상의 병원에서 하는 경우가 1.7%에 지나지 않는다. 양병원 같은 대장항문 특화병원에서 가장 많이 한다. 그런데 왜 병원 규모로만 의료전달체계의 1~3차 병원을 구분하는가? 왜 병원 규모로만 학문할 자격을 따지는가? 학문할 자격은 병원 규모로 정해지는 것이 아니다. 이 발상부터 엎는 일에서 '학계의 퍼스트 무버'가 만들어지는 것이다.

학문, 연구, 학술 발표가 대학병원의 전유물이라는 편견을 버려야 한다. 오히려 작은 병원에서 내로라하는 세계적인 명의와 연구 결과가 나와야 그 내구성이 탄탄해진다. 각 지역의 중소병원에서 의미 있는 성과나 권위자가 배출되면 젊은 의사들도 대학병원만 바라보지 않을 것이다. 그들이 지원하고 싶은 병원이 다양해지고 평생을 한곳에서 근무하며 연구할 때 우리나라에서도 노벨생리의학상 수상자가 나올 수 있다.

'치루의 분류법'을 창안한 일본의 스미꼬시 교수님은 실력은 세계 수준이지만, 한국의 일산병원 같은 동경사회보험에서 운영하는 중앙종합병원에서 평생 동안 계셨다. 그리고 그곳에서 74세의 나이로 생을 마감했다. 내로라하는 대학병원에서 모시려고 여러 번 시도했지만 단 한 번도 자리를 옮기지 않았다. 아마도 그분 정도의 실력을 갖춘 한국인 의사였다면 일찌감치 자리를 옮겼을 것이다. 스미꼬시 교수님은 '치루의 분류법'으로 세계적인 석학의 반열에 올랐는데 일본뿐만 아니라 한국의 대부분 대장항문외과에서는 이 분류법을 주로 사용하고 있다.

대학병원이냐 아니냐, 병원의 규모가 크냐 아니냐를 떠나 어디에서 일하든 간에 '내가 먼저 한다'라는 정신이 한국 의료계에도 시급하다. 내가 먼저 연구를 진행하고, 수술법을 개발하고, 세계 학회지에 연구 논문을 싣겠다는 선배들의 후츠파 정신이야말로 이 길을 따라오는 후배 의료인들에게 제대로 된 본보기가 될 수 있다.

66

외과 의사에게 손은 두 번째 심장이나 다름이 없다.

심장만큼 뜨겁게 열정을 다해 손을 사용해야만

환자의 생명을 살릴 수 있기 때문이다.

실패를
기록하는 습관

중고등학교 시절 두툼한 외모와 달리 나는 아기자기하고 섬세한 것을 좋아했는데 특히 연필과 노트에 관심이 많았다. 지금도 항상 와이셔츠 주머니에 볼펜, 만년필, 연필 서너 개 정도를 넣고 다니며 온갖 것들을 메모한다. 연필을 들고 수업도 가고, 학회도 가고, 기자나 작가와의 미팅에도 간다. 내 하루를 다 알고 있는 사물계의 비서가 바로 연필이다.

《퍼스트클래스 승객은 펜을 빌리지 않는다》라는 책을 보면 1등석을 이용하는 승객들은 스튜어디스에게 펜, 신문, 책을 요청하지 않는다고 한다. 아예 비행기에서 작정하고 메모 정리와 독서를 할 요량으로 지니고 타서 굳이 빌릴 이유가 없다는 것이다. 성공하는 사람들은 그럴만한 이유가 있다. 우리는 그들의 성공 방식을 악착같이 배워서 써먹어야 한다. 일단 쉬운 것부터 시작하자. 독서 습관은 몸에 익숙해지는 데 시간이 걸리지만 메모 습관은 누구라도 쉽게 따라 할 수 있다.

메모와 관련된 재밌는 연구 결과가 있다. 미국의 듀크대학과 펜실베이니아대학 연구팀이 참가자에게 과제를 준 후 실패한 80명을 대상으로 실험을 진행했다. 80명을 두 그룹으로 나눈 뒤 그룹 1 구성원들에게는 과제 실패에 대한 기술을, 그룹 2 구성원들에게는 과제와 관련 없는 이야기를 기술하라고 요청했다. 그런 다음 이들의 타액을 채취해 성분을 분석했다. 어떤 결과가 나왔는지 아는가? 그룹 1 구성원들의 스트레스 호르몬인 코르티솔 수치가 그룹 2 구성원들에 비해 현저히 낮게 나왔다.

첫 과제를 실패해 받은 스트레스는 두 그룹이 대동소이했으나 '다음 과제 수행'에 대한 마음가짐이 달라진 것이다. 실패를 정리하고 가느냐, 그냥 넘어가느냐가 후속 과제에 어떤 영향을 미치는지 알려주는 실험이다. 연구팀은 자신이 저지른 실패를 기록으로 남기면 '왜 이같은 결과가 나왔는지'에 대한 통찰력을 경험할 수 있다고 한다. 그러니 항시는 아니더라도 무언가에 도전했다가 실패한 경우 그냥 지나치지 말고 실패의 원인을 간단히 메모해두길 바란다. 이런 의미로 내 지난날의 메모장을 열어볼까 한다.

나는 왜 그때 실패했을까?

남양주에서 중소병원을 개원한 뒤 구리시에 있는 기존 양형규의원을 함께 운영하는 일이 힘에 부치기 시작했다. 마침 운때가 맞았는지, 양형규의원을 인수받아 경영해보고 싶다며 혜성같이 나타난 의사가 있어 그에게 매도했다. 동시에 나는 완전히 구리시에서 떠나게 되었다. 이게 2000년경의 일이다.

1986년부터 2000년까지 꼬박 15년간 구리시에서 양외과로 5년, 양형규의원으로 10년 병원을 운영했다. 구리시에서 의대를 다녔고 결혼과 3명의 자녀 출산, 병원 개원 모두 이곳에서 했다. 구리시의 교육 발전을 위해 구리시 장학회를 구리시장, 지역민들과 함께 만들었으며 구리시 선거관리위원, 구리시 태권도협회장 직위를 맡는 등 그야말로 내 젊음을 불사른 곳이다. 하지만 병원 운영의 결과 면에서는 만족스럽지 않았다.

당시 노트에 적어놓은 실패 요인 중 두 가지만 옮기면 다음과 같다.

첫째, 병원 이름에 '외과'를 붙이지 않은 점이다. 1986년 처음 병원을 개원할 때는 '양외과'로 열었지만 이후 1990년 신축 건물로 자리를 옮기면서 '양형규의원'이란 이름으로 개원했다. 당시 '풍양신문'이라는 지역 신문에 2년 넘게 건강 칼럼을 연재했는데 그 덕분에 내 이름이 조금 알려져 있었다. 구리시에서 이름이 꽤 알려져 있으니 이름을 사용하는 것이 좋겠다는 주변의 권유로 내 이름을 넣어 병원명을 정했는데, '의원' 대신 '외과'를 붙였다면 병원의 정체성이 뚜렷했을 것이다. 그도 그럴 것이 환자 입장에서는 양형규라는 이름보다 내과인지, 외과인지, 정형외과인지가 병원 선택에서 더 중요한 기준이 되기 때문이다. 어디를 고치는 병원인지 정체성이 병원 이름에서 드러나지 않으면 다른 병원으로 발길을 돌리기 쉽다. 결코 작은 문제가 아니다.

서울에서 병원을 개원할 때도 이 같은 고민을 했는데 '양병원'으로 최종 낙점하기에 이른다. 할머니, 할아버지는 물론 아이들에게도 '병원=모든 병을 고쳐주는 곳'이라는 프레임이 자동 등식화되어 있다고 판단한 것이다. 그리고 무엇보다 남양주 병원 이름이 '양병원'이었기 때문에 연계성을 고려한 선택이었다.

두 번째 실패 요인은 전략 실패였다. 무거운 부채를 탕감하고자 여러 과를 신설한 것 때문에 운영이 힘들었다. 수원에 위치한 '김외과'의 김영춘 원장님은 오직 대장항문과외과만 진료하며 직원은 외과 전문의 한 명을 포함해 15명 정도였다. 외과부터 내과, 정형외과, 소아과, 응급실까지 운영하며 40명의 직원을 둔 나와는 차이가 컸다. 규모 면에서 보면 우리 병원이 우세한 것 같지만 실상은 김외과가 승. 김외과는 의사 2명이 매월 100건 이상의 수술을 하기 때문에 수입이 알찼다. 그래서일까. 김외과 원장님은 오전에 진료와 수술을 마치고 오후 3시가 되면 취미활동을 하러 나갔다.

다른 사람이 보기에 팔자 좋은 사람이라고 생각하겠으나 내 눈에는 '상당한 전략가'처럼 보였다. 어느 정도 운영 노하우가 쌓이기 전에는 안정적으로 운영을 하는 것이 맞다. 무언가 했다 하면 크게 지르는 탓에 수습하느라 정신이 없던 내겐 수원의 김외과는 여러모로 좋은 모델이었다. 물론 나는 종합병원을 꿈꾸고 있었기에 여러 과를 운영했지만 실수입은 아주 미미했다. 지금 돌이켜 생각하면 지역 상황과 자금 등 여러 여건을 고려해 나 이외에 외과 의사 1명, 내과 의사 1명과 대장항문외과만 운영했어야 했다.

요란한 챔피언 vs 조용한 챔피언

챔피언에는 두 종류가 있다. 하나는 그때만 바짝 뜨는 '요란한 챔피언'으로 이들은 뭘 해도 그렇게 호들갑을 떤다. 주변에 죄다 알리는 것을 좋아하다가 뭔가 일이 막히면 나라 잃은 표정으로 주변 사람을 괴롭힌다. 일희일비가 주요 특징으로, 본인 성질에 나가떨어져 어느 순간부터 연락이 끊긴다.

두 번째는 '조용한 챔피언'이다. 옆에서 보면 이 친구가 현재 잘나가는지, 무슨 일을 겪는지 감이 오지 않는다. 본인 스스로 전혀 내색하지 않기 때문이다. 그러다 어느 날 제3자에 의해 엄청난 성과를 낸 인물임이 밝혀지면서 주목을 받는다. 나는 여러분이 두 번째 챔피언을 이상향으로 삼았으면 좋겠다.

지금껏 살면서 끝까지 이기는 사람들의 공통점을 몇 가지 보게 되었는데, 그들은 절대 사는 모습에서 힘을 주지 않는다. 있어 보이려고 힘을 준다든가, 미친듯이 고민하는 모습을 보인다든가 하지 않는다.

그저 무난하게 사는 것처럼 보인다. 갈림길에 서서도 별 고민 없이 심플하게 선택하는 거 같은데 좋은 결과를 만들어낸다. 그래서 깨달은 것이 '있어 보이려 안달하는 사람'은 금방 사라지지만, 뭐든 '쉽게 하는 것처럼 보이는 이'는 오래간다는 사실이다.

그럼 어떻게 살아야 후자처럼 살 수 있을까? 여러 가지가 있겠으나 뭐든 쉽게 이루며 사는 사람처럼 보이는 이들의 공통점은 '노력과 실패를 뒤에서 한다'는 것이다.

좋은 결과가 나왔을 때 '짜잔!'하고 무대 위에 올리려는 의도가 아니라 그냥 그렇게 사는 것이 습관화되어 있다. 당면한 과제에 최선을 다하느라 딴생각이 비집고 들어갈 틈이 없기 때문이다. 이것이야말로 '진정한 있음'이 아니고 뭐겠는가.

노력만이 아니다. 실패를 대하는 태도도 비슷하다. 실패한 것을 크게 떠벌이지 않는다. '결과가 안 좋았네. 뭐가 문제지?'라며 깊이 생각하고 분석한다. 그러니 여러분도 "나 실패했어!"라며 광고하러 다닐 시간에 실패 요인과 성공 모델을 분석하고, 또 다른 계획이 있다면 이것을 인큐베이팅 하는 일까지 실패로부터 배우는 시간을 가져라. 그렇다! 자신을 '실패를 당한 게스트'로 놓는 것이 아니라 '실패를 역이용하는 주체자'로 놓아야 한다.

이렇듯 다음을 준비하는 시간을 철학에서는 '솔리튜드Solitude의 시간'이라고 부른다. 즐거운 고독으로 번역되며, 은둔형 외톨이처럼 소극적 고립인 '론리니스Loneliness'와 대비되는 개념이다. '지금 찾아온 실패를 어떻게 하면 의미 있게 사용할까?'를 두고 생각하는 솔리튜드의 시간만이 청춘의 최대 자원인 시간을 풍성하게 만들어준다.

66

"나 실패했어!"라며 광고하러 다닐 시간에

실패 요인과 성공 모델을 분석하고,

또 다른 계획이 있다면

이것을 인큐베이팅 하는 일까지

실패로부터 배우는 시간을 가져라.

그렇다! 자신을

'실패를 당한 게스트'로 놓는 것이 아닌

'실패를 역이용하는 주체자'로 놓아야 한다.

드디어 시작된
양병원의 서울시대

"선배님, 병원을 개원하고 싶은데 어디에 병원을 열어야 할지 모르겠어요."

후배에게 이런 질문을 받으면 나의 대답은 한결같다.

"병원이 성공하는 데는 입지가 70% 이상이야. 잘 될 거라 생각되는 곳은 빈 건물이 없고, 안 되게 생긴 곳은 빈 건물이 즐비해. 이런 때 조급한 마음에 잘 안 되게 생긴 곳에서 개원하면 실패할 확률이 높아. 잘 되게 생긴 곳에 공실이 없더라도 부동산에 연락처를 주고 6개월 정도 기다리면 반드시 연락이 올 거야. 절대 조급하게 생각해서는 안 돼. 1년 정도 시간을 두고 기다리면 성공할 확률이 아주 높아."

병원 입지를 전문적으로 잡아주고 개원에 관한 모든 프로세스를 담당해주는 컨설팅 업체가 있다. 나는 이런 곳을 적극적으로 활용할 것을 권한다. 본디 의사들은 진료와 공부만 하기에도 시간이 빠듯한 이들이라 경영에 필요한 매니지먼트를 해주는 업체가 있다면 분명 서로에게 윈윈Win-win이 될 수 있을 것이다. 특히 병원 입지 선정에 대한 도움이 시급하다.

서울로의 입성을 준비하다

어떤 장사든지 상가 선택에서 중요하게 봐야 할 조건 중 하나가 '입지'라는 것은 누구나 알 것이다. 입지立地는 '세울 입'과 '땅 지'의 합성어로 '지地' 자를 유심히 볼 필요가 있다. '지' 자는 '흙 토土'와 주전자를 형상화한 어조사 '야也'가 결합되어 있다. 즉 '지' 자는 흙과 물이 모두 담긴 최적의 토양이라는 의미다. 땅과 물이 좋으니 곡식들이 무럭무럭 자라나는 것은 당연한 이치다.

농경국가인 우리나라에서 입지는 곧 생산성과 경제력을 나타낸다. 그래서 너도 나도 입지를 따지는 것이다. 이 중요한 사실을 나는 잘 몰랐다. 구리시에 있던 병원을 접고 남양주에 병원을 개원하고 나서야 남양주라는 지역의 한계가 눈에 들어왔다.

물론 지금은 남양주가 개발되어 인구를 많이 흡수했지만, 당시만 해도 남양주라고 하면 모르는 사람이 더 많았다. 남양주는 면적만 놓고 보면 전국에서 2위일 정도로 넓지만 금곡, 평내, 마석, 덕소, 퇴계원, 사능, 장현, 오남리로 인구가 분산되어 환자가 늘어나는 데는 한계가 있었다. 특히 구리시의 양형규의원보다 4배 정도 큰 남양주 양병원을 개원한 금곡은 평내와 마석에서는 환자가 와도 덕소, 퇴계원, 오남리에서는 환자들이 오지 않았다. 거리가 멀어 아예 다른 도시나 다름없었다. 시장이 너무 좁은 곳에 자리를 잡은 것이다.

결국 양병원은 구리에서 시작해 남양주를 거쳐 서울로 진출하게 된다. 처음 개원한 지 대략 20년 만의 일이다. 병원 행정실장에게 서울에 마땅한 부지가 있는지 알아보게 했다. 그는 서울 부지를 보러 다니면서 부동산 중개업자와 헤어진 후 소개받은 부지로 다시 가 사진을 찍어 내게 매일 보여주었다.

"수고스럽게 왜 두 번이나 방문하냐?"라고 묻자 그는 처음에는 아무 생각 없이 중개인이 보는 앞에서 사진을 찍었는데, 자신을 전문 부동산 꾼으로 의심하고 다른 부지를 보여주기 꺼려했다고 한다. 그래서 부동산 중개업자 앞에선 정보만 메모하고 사진은 헤어진 후 다시 가서 찍었다고 했다. 그렇게 촬영해 온 입지를 나에게 보여주고 괜찮다고 생각되는 곳은 진료 후 저녁 때 둘이 같이 가보았다. 두 달 동안 힘들게 입지를 알아본 결과 두 곳으로 장소가 좁혀졌다.

강동구에서 양병원의 서막을 열다

한 곳은 전국구 스타 지역인 강남이었고, 다른 한 곳은 지금 양병원이 위치한 서울 강동구였다. 나와 행정실장, 병원 간부 그리고 가족, 동생, 친구들과 두 지역을 놓고 머리를 싸매며 토론을 벌였다. 이름하여 하브루타식 토론. 유대인만 이런 토론을 하란 법은 없다. 말문을 먼저 연 쪽은 나였다.

"역삼동이면 괜찮은데 천막을 파는 가게 50평 땅까지 사지 않으면 너무 비좁단 말이야."

기존에 자리 잡고 있던 50평 크기의 천막가게는 매물로 나온 것도 아니었고, 접촉하자 땅값을 높게 달라고 했다.

"그 땅은 130평으로 천막가게까지 합쳐야 180평, 강동구는 그냥 200평. 크기만 놓고 보면 강동구가 낫단 말이지."

"그래도 강남이 지역적으로 더 메리트 있지 않을까?"라며 아쉬워하는 나를 향해 친구가 말했다.

"양 원장! 우리 그러지 말고 지도 한 번 보자"라며 친구가 지도를 펼치자 모세의 기적이라도 일어난 듯 답이 하나로 모아졌다.

남양주에서 강동구까지는 차로 25분 거리고, 강남은 약 50분 정도 거리였다. 기존 남양주의 환자들을 강동구 병원으로 흡수하기에 용이하다는 점이 강동구를 택하게 만들었다.

이래서 머리가 하나인 것보다 둘인 것이 낫다고 하나 보다. 단순히

'강남이냐, 강동구냐'만 놓고 선택하는 것과 전혀 고려 대상이 아니었던 남양주 양병원과의 연계성을 놓고 선택하는 것은 천지 차이였다. 정반대의 결과가 나왔으니 말이다. 이게 나비효과가 아니고 무엇이겠는가. 기상학자 에드워드 로렌츠가 소수점 이하의 숫자를 뺀 채 입력한 값과 모든 숫자를 입력한 값의 기상 결과가 전혀 다르게 나온 것과 유사한 상황이다.

짐작건대 혼자서는 이 같은 선택을 하지 못했을 것이다. 남양주와 강동구를 하나의 선으로 잇는 선택은 괜찮았다. 그러나 지금 돌이켜보면 강남을 택하는 것이 더 큰 발전을 가져오지 않았을까 싶다.

2005년 3월 2일, 드디어 서울에서 '양병원'이 문을 열었다. 감회가 새로웠다. 1986년 양외과를 시작으로 1990년 양형규의원 신축 개원, 그리고 6년 후 1996년 11월에는 남양주에서 양병원 개원, 2005년에 서울양병원을 열기까지 20년이 조금 못 되는 시간이 걸렸다. 개원할 때 양배추 나누기 캠페인을 벌이며 서울에서의 서막을 열었는데 2020년 현재까지 잘 꾸려나가고 있다.

남양주 양병원은 여러 차례 매각을 시도했지만 쉽지 않았다. 개인 병원은 의사만 운영이 가능해 살 수 있는 사람의 수가 적으며, 병원을 살 만큼 자본력이 있는 의사는 더 적다. 판다면 그냥 넘기다시피 아주 헐값에 팔아야 하는데 그러긴 싫었다. 그래서 의사인 처남에게 양도하고 남양주 양병원을 운영하도록 했다. 처남은 2008년도에 낡은 남양주 양병원을 6개월에 걸쳐 리모델링하고, 2013년에는 병원 앞에 있는 대지 600평, 건평 550평의 3층짜리 건물을 매입해 건강검진센터를 새롭게 열어 남양주의 의료 메카로 만들어나가고 있다.

개원 후 3년은 대나무 시간이었다

물론 초반에 문제가 아예 없던 것은 아니다. 남양주의 환자들이 나를 찾아 서울로 넘어와 줄 거라고 기대했으나 이런 기대와 달리 두 개의 진입 장벽이 서울 양병원의 앞을 가로막았다.

첫째, 남양주와 서울 강동구는 지리적으로는 가까우나 '경기도에서 서울시로' 넘어가는 것에 대한 환자들의 심리적 장벽이 생각보다 높았다. 이는 처음부터 나만의 기대에 불과한 오판이었던 것이다. 둘째는 시스템상의 장벽이었다. 과거 의료보험제도에서는 환자가 다른 시나 도로 넘어가 치료를 받으려면 진료 의뢰서를 받아서 내야만 의료보험이 적용되었다. 이런 절차상의 불편함이 있어 환자들은 서울로 넘어오지 않았다. 이런저런 이유로 개원 첫해에 10억 원 이상의 적자가 났다. 중소병원이 손익분기점을 넘는 해가 개원 후 3년인 것을 감안하면 부담될 정도의 큰 적자액이었다. 다행히 병원이 자리를 잡으면서 수입은 하루가 다르게 증가했다. 3년째 되던 해에 손익분기점을 넘어서 한시름 놓았으나 지금 생각하면 그 어려운 시간을 어떻게 견뎠는지 고개가 흔들어진다.

이제 막 개원을 앞두고 있거나 개원한 지 얼마 안 됐다면 '손익분기점 시한'에 대해 알아야 할 것이 있다. 중소병원은 개원 후 3년 되는 해에, 대학병원은 5년째 되는 해에 손익분기점이 되기 때문에 개원 초기에는 이를 감안해서 계획을 짜야 한다.

어떤 사업이든 초기에는 어려움을 감수해야 하는데, 나는 이런 시간을 '대나무 시간'이라고 부른다. 대나무는 하루에 60cm씩 자란다. 뭐 이런 사실까지는 몰라도 대나무가 쑥쑥 자라는 나무 품종인 것쯤은 다들 알 것이다. 하루에 60cm씩 자라면 열흘이면 6m 정도 자란다.

이런 대나무에게 '5년이라는 시드머니'가 있다는 사실을 아는가? 대충 쑥쑥 자라니, 내구성이나 뿌리가 튼튼하지 않을 거라고 여긴다면 오해다. 대나무는 땅속에서 5년 가까이 '자라날 준비'를 한 뒤에야 지상으로 고개를 내미는 '나무계의 준비 왕'이다. 지상에서 꽃을 피우는 기간이 땅속에서 준비하는 기간에 비례한다는 일깨움을 주는 것 같다.

인생사도 마찬가지다. 만약 취업이나 공무원 시험이 뜻대로 되지 않거나 벌인 사업이 안 된다면 '땅속에서 필요한 기간을 보내는 중'이라고 생각하자. 이 기간은 저마다 목표로 하는 꽃의 규모와 상관없이 누구에게나 필요한 보편적인 시간이다.

66

인생사도 마찬가지다. 만약 취업이나 공무원 시험이

뜻대로 되지 않거나 벌인 사업이 안 된다면

'땅속에서 필요한 기간을 보내는 중'이라고 생각하자.

이 기간은 저마다 목표로 하는 꽃의 규모와 상관없이

누구에게나 필요한 보편적인 시간이다.

1 1986년 구리시 양외과. 2층 80평을 임대하여 사용했다.

2 1990년 구리시 양형규의원

3 남양주 양병원 본원

4 남양주 양병원 건강검진센터

5 1995년 남양주 양병원 건축하는 모습.
　지하 공사할 때 옆에 개천이 있었던 곳이라 물이 나와 힘들었던 공사였다.

6 2004년 서울 양병원 건축하는 모습.
7 서울 양병원

i'm possible —————————————————————

유유상종은
본성이 만드는 것이다

내 주변엔 좋은 인연들이 많다. 서울공대를 졸업하고 한국감정원에 있다 미국 플로리다대학에서 부동산학 석사를 마친 후 공인감정사와 빌딩매매법인을 운영하고 있는 신종웅, 고려대 상대 경영학과 출신으로 증권 애널리스트를 오랫동안 역임한 개인 투자자이며 내가 큰 투자를 할 때마다 회사 분석 기술을 이용해 자문해준 양승은, 신용보증기금에서 본부장을 지낸 차원호, 회계사 차국진, 전 산업은행 부총재 김원근, 도화엔지니어링 부회장 겸 총괄사장 박승우 등이 나를 도운 귀인이다. 그중 타인을 배려하는 수준을 넘어서서 중요한 것을 타인에게 아낌없이 주는 귀인이 있다. 바로 분당 차병원의 혈액종양내과 의사로 있는 오도연 교수다.

　우리는 끼리끼리 어울려 논다는 말을 '유유상종類類相從'이라고 한다. 다소 세속적으로 사용하는 말 중 하나인데, 이를 다르게 해석한 책을 본 적이 있다.

　유유상종은 자신이 좋아하는 것을 잡아당기는 것이 아니라 자신의 본성과 같은 것을 서로 잡아당기는 일종의 법칙과 같다는 내용이었다. 이 얘기를 보자마자 수첩을 꺼내 메모했다. 좋아하는 것이 아닌, '본성과 같은 것들끼리의 뭉침'이라는 관점에 공감이 갔기 때문이다. 내 본성과 어긋나거나 맞지 않으면 불편함을 느끼게 되어 설사 좋아했던 것이라도 오래가지 못한다. 여러분도 이 같은 경험을 해봤을 것이다.

　유유상종에서 유類는 '무리'라는 의미로, 성동고등학교 1년 후배이자 연세의대 동기인 오도연 교수는 나와 철학이 잘 맞는 같은 유이다.

귀인을 만나려면 내가 먼저 귀인이 되어야 한다

양병원은 병원 운영을 통해 발생하는 매출액의 0.5%, 즉 이익금의 5%를 치료비가 없거나 부족한 환자에 지원하고 있다. 몇 해 전, 대장암인데 의료보험도 없고 치료비도 없는 한 중국 교포 환자가 있어 그 돈으로 치료를 무료로 한 적이 있다. 한 번은 백혈병이 의심되는 환자가 있어 늦은 저녁이었지만 오 교수에게 연락을 했다.

"형, 응급실로 가면 응급진료비 3만 원을 내야 하니 진료실로 보내요. 제가 교수실에서 기다리고 있을게요."

"그 환자를 위해 바쁜 교수가 교수실에서 기다려? 오 교수야말로 슈바이처 같은 의사야."

"과찬의 말씀이에요. 돈이 없는 분들도 어떻게 해서든 치료를 해드려야죠."

"오 교수! 당신이야말로 진정한 의사야. 정말 고마워."

돈 없는 사람에게 3만 원이 얼마나 큰 액수인지 아는 의사가 얼마나 될까. 이런 의사가 있는 반면 '내로라하는 대학병원 교수인 내가 돈 없는 환자에게 시간을 내야 해?'라고 생각하는 의사도 있다. 하지만 오 교수는 가난한 환자를 어떻게든 치료해 주겠다는 따뜻한 마음을 지닌 이다. 그래서일까. 오 교수의 고교 동창들은 큰 병이 나면 늘 오 교수를 찾아 상의하고, 오 교수는 그때마다 기꺼이 자신의 시간을 들여 직접 치료하거나 다른 의사에게 데려가는 등 도움을 준다. 뿐만 아니라 성당에서 중고등부 주일학교 교장을 10년이나 맡으며 무료 봉사를 하기도 했다.

나 또한 내 환자를 모교인 세브란스병원에 의뢰할 때 되도록 따뜻한 의사에게 소개해주고 있다. 대학병원의 의사라면 환자를 치료하는 실력은 비슷하다. 그렇다면 환자가 이미 물어본 것을 또 물어보았을 때 차갑게 대하기보다 따뜻하게 다시 알려주는 의사에게 소개하는 편이 훨씬 낫다.

알료샤 슈바르츠Aljoscha Schwarz의 《나무늘보의 인생 콘서트》라는 책을 보면 '비즈니스는 인간관계에 뿌리를 두고 있기 때문에 타인을 배려하지 않고 자기를 최우선으로 두는 전략은 궁극적으로 실패로 이어질 가능성이 높다'라는 문장이 나온다. '됨됨이의 중요성'에 대해 전하는 내용이다.

의사도 그렇고 누구라도 마찬가지다. 비즈니스뿐만 아니라 인생 자체가 인간관계라 해도 과언이 아니다. 인간이라는 말 자체가 '사람과 사람의 사이'라는 의미를 내포하고 있지 않은가.

인간관계는 결국 유유상종이다. 같은 부류의 사람끼리 서로 잡아당겨 뭉치게 되어 있다. 그러니까 좋은 사람을 만나려면 당신이 먼저 좋은 사람이 되어야 한다. 이것이 자연의 이치요, 삶의 지혜라는 신념으로 나는 사람을 대한다.

삶에도
생리작용이 있다

'사람 보는 눈은 똑같다'라는 말을 우리는 무섭게 새겨들어야 한다. 정말 좋은 것은 누구에게나 좋게 보인다는 뜻이며, 반대로 그렇지 못한 것으로부터 발길을 돌린다는 것 역시 남들도 똑같다는 의미다. 전자가 되어야 많은 이들이 몰리고 그 안에서 좋은 기회들이 창출되는 것이지, 후자가 되면 이미 있었던 사람들조차 떠날 기회를 엿보다 결국은 다 소리 없이 사라진다. 그러니 상대가 누구든 사람을 높이 대하는 태도를 견지해야 한다. '인생은 한 방'이라고 하는데, 이 한 방도 준비된 자여야 기회가 오고 크게 꽃을 피울 수 있다.

한 발짝 나아가 앞에서 소개한 오도연 교수처럼 자신이 가진 달란

트를 타인에게 주는 사람, 즉 '기버Giver'가 되는 데에도 정성을 쏟았으면 좋겠다.

《성공의 조건, 행복의 조건》이라는 책을 보면 세계적 권투선수 무함마드 알리가 책 저자인 차한주 선생에게 "어떻게 하면 행복해질 수 있을까요?"라고 묻는 장면이 나온다. 여기에 대해 저자는 "당신이 행복해지기 위해서는 다른 사람을 행복하게 해주세요"라고 답했다. 'Happilize Others' 이 말은 나의 철학이기도 하다. '행복Happy'이란 말은 있어도 행복하게 해주기, Happilize란 말은 사전에 없는 단어로 저자가 만든 말이다. 이번에는 그가 무함마드 알리에게 묻는다.

"성공하려면 어떻게 해야 하나요?" 알리는 "끝까지 버텨라. 그럼 성공한다"라고 답했다. 알리가 아프리카 우간다에서 쇠주먹 포먼과 챔피언전을 벌인 적이 있다. 대부분의 전문가는 알리는 전성기가 지나질 것이라고 예상했으나 모든 이들과 여론을 깨고 8회 KO승을 거두었다. 사각의 링에서 끝까지 버틴 결과다.

그동안 살면서 나는 세상으로부터 너무 많은 것을 받았다. 지금까지도 그래왔지만 이제는 소유한 것들이 넘치지 않도록 나눔을 할 생각이다. 그래야 과부하에 걸리지 않고 행복하게 살 수 있다.

주면 부자가 되는 선물학

소유한 것과 비례해 베풀지 않으면 그 인생은 한쪽으로 쏠려 위험에 처하게 된다. 뉴스를 통해 지도층 자녀들이 마약 밀매로 적발되거나 지도층 당사자가 비리로 검찰 조사를 받는 장면을 볼 때마다 '왜 저들은 많은 것을 가졌음에도 절제와 균형을 이루지 못해 저 화를 자초할까?'라는 안타까운 마음이 들곤 한다.

'가짐과 나눔의 균형을 이루는 삶'은 궁극적으로 나에게 가장 큰 이로움을 준다. 일부 지탄받고 있는 한국의 부자들이 이러한 사실을 깨우치고 '노블레스 오블리주Noblesse Oblige', 즉 높은 사회적 신분에 상응하는 도덕적 의무를 가졌으면 한다.

우리나라처럼 부자에 대해 좋지 않게 생각하는 나라도 없을 것이다. 운 좋게 조상 잘 만나 물려받은 재산으로 호의호식하면서 있는 척은 다 하고 사는 이들, 설사 자수성가로 부를 이루었더라도 말 그대로 자수성가로만 끝내고 베풀지 않는 일부 졸부들 때문이다. '자수성가自手成家'라는 한자 안에는 '자기 손으로 성을 쌓고 집을 이룬다'라는 의미가 담겨 있다. 그러나 스스로 일군 성과를 오직 '자기 집家'을 위해서만 쓰는 모습은 존경을 얻어내기 힘들다. 집에서 사회로, 사회에서 나라로, 수혜 대상을 확장시켜 나가려는 노력은 부자들의 의무다.

그럼 부자들만 나눠야 할까? 자수성가를 이루기 전부터 나눔을 습관으로 장착해두는 것은 어떨까. 어쩌면 나누는 습관이 더 많은 것들을 내 쪽으로 불러오게 할지도 모른다. 이른바 '기브 앤 테이크Give &

Take'이다. 먼저 조건 없이 주어라. 그러면 나 역시 받게 되어 있다.

가장 작은 것부터 내주는 연습을 해보자. 기념일이 아닌 날에 지인들에게 작은 선물을 주는 것이다. 예상치 못한 순간에 선물을 내밀면 관계가 급속도로 발전하면서 기회가 열린다. 세계 톱클래스 기업들의 고객관리 컨설턴트로 일하는 존 룰린John Ruhlin은 《선물의 힘》이라는 책을 저술하면서 '기프톨로지Giftology', 즉 '선물학'이라는 단어를 처음으로 만들었다.

선물학의 핵심은 '그냥'이다. 그냥 생각이 나서 조건이나 대가 없이 선물을 건네면 상대 마음에 역동성을 불러일으키게 되고, 대부분 그 역동성은 긍정적인 방향으로 흐른다. 자신에게 도움이 되면 됐지 결코 해가 되지 않는다. 평소에 나는 사람을 만날 때마다 책 선물을 자주 하는 편이다. 책을 주고 나면 나 자신부터 행복해지는 기분이 든다.

사람을 대하는 기본값만 높여도 기회가 달아나지 않는다

항시 기회라는 것은 갑자기 다가와서 순식간에 사라지는데 앞모습은 장발이요, 뒷모습은 대머리로 온다. 이 말은 다가오는 것을 잡으려면 손쉽게 잡히지만 지나간 뒤 잡으려고 하면 잡히지 않고 미끄러지기만 한다는 의미다.

절대 내 앞에 온 '기회'라는 버스를 놓쳐서는 안 된다. 그러기 위해서는 한 가지만 기억하면 된다. 사람을 만나기 전 그에 대해 조사를 해두는 자세도 중요하지만 어떤 때는 그냥 들이닥치는 경우도 많다.

그래서 '사람을 대하는 기본 태도의 값'을 높게 잡아두는 것이 좋다. 이것 하나만 견지해도 내 앞에 도착한 기회의 버스를 돌려보내는 일은 없을 것이다.

저 사람은 나에게 필요한 사람이니까 잘하고, 나보다 못하다고 생각되면 얕잡아 낮춰 대하는 태도는 궁극적으로 인생의 규모를 제한하는 결과를 가져온다. 어느 정도로만 클 뿐, 그 이상을 기대해서는 안 된다. 성공을 거두기 위해서는 타인의 손을 빌려야 하는데 이들이 또 아무에게나 손을 내주지 않는다. '인성이 갖춰진 실력자'에게만 손을 내미는 만큼 비가 오나 눈이 오나 사람을 대하는 태도의 값을 높게 잡아두자. 자신이 힘들게 노력해서 귀인을 얻는 일 못지않게 나에게 찾아온 귀인을 지키는 것도 살면서 갖춰야 할 중요한 능력 중 하나이다.

❝

성공을 거두기 위해서는

타인의 손을 빌려야 하는데

이들이 또 아무에게나 손을 내주지 않는다.

'인성이 포함된 실력자'에게만

손을 내미는 만큼 비가 오나 눈이 오나

사람을 대하는 태도의 값을 높게 잡아두자.

자신이 힘들게 노력해서

귀인을 얻는 일 못지않게

나에게 찾아온 귀인을 지키는 것도

살면서 갖춰야 할 중요한 능력 중 하나이다.

i'm possible ————————————————————

Good Doctor's
운동

"왜 의대 진학을 하려고 하지?"

"허리디스크에 걸렸지만 돈이 없어 8개월이나 수술을 못 받은 경험이 있어요. 의사가 되면 저처럼 돈이 없는 분들을 무료로 치료해주고 싶습니다."

대입 재수 시절 세 번째 철거를 당한 뒤 이사하는 중에 짐을 옮기다 허리에 디스크가 생겨 수술을 받았다. 수술비가 없어 8개월 정도 누워 지내다 대학시험 보기 한 달 전에서야 허리디스크 수술을 받았다. 당시 만난 신경외과 레지던트 노재한 선생님이 의대 진학을 권한 덕분에 '약사에서 의사'로 진로를 변경하는 행운을 만났지만, 그래도 아픔은 아픔이었다.

유대인을 치료해준 선한 사마리아인Good Samarian처럼 의사 역시 '선한 의사들Good Doctors'이 되어 누구든 전쟁 시 적이라 하더라도 아무 조건 없이 치료해주어야 한다고 의대 재학 시절에 누차 배웠다.

돈이 없어서 아이들이 굶어 죽는 것과 돈이 없어서 아픈 사람들이 치료를 받지 못하는 것. 이 둘은 개인의 문제로 다뤄서는 안 된다. 인류애를 가지고 들여다봐야 할 문제로, 인종이나 나이와 상관없이 모든 이들에게 평등하게 주어져야 할 기본권이다. 그래서 나는 '굿 닥터 운동(선한 의사들)'을 우리나라에서 시작해보고 싶다. 더불어 대대적인 운동을 통해 전 세계적으로 확산되면 더 좋을 것 같다.

죽어서도 생명을 살린 사람

소개하려는 주인공은 이미 고인이 되신 이종욱 박사다. 그는 국제보건기구WHO의 예방백신국장을 거쳐 2003년 국제보건기구의 사무총장으로 임명되었던 인물이다. 이종욱 박사는 사무총장에 재임되자마자 '3 by 5 캠페인'이라는 공약을 내걸었다.

앞으로 2년 이내에 전 세계로 퍼져 있는 300만 명의 에이즈 환자에게 치료제를 공급하겠다는 것이 이 캠페인의 핵심 내용이었다. 사실상 불가능한 공약이라 주위에서도 혀를 내둘렀다. 그는 공약을 내건 지 정확히 3년 만에 과로사로 생을 마감했는데, 그 기간 동안 300만 명의 에이즈 환자 중 100만 명에게 에이즈 치료제를 공급했다.

그런데 이때부터 기적이 시작된다. 고인이 제공한 치료제를 받은 100만 명의 에이즈 환자들이 힘을 모으기 시작한 것이다. '고인의 뜻을 누군가는 이어나가야 하고, 그 누군가가 바로 우리'라며 200만 명의 환자들에게 치료제를 나눠준 것이다. 애초에 무모한 계획이라고 비판한 이들의 목소리가 쑥 들어가는 순간이었다. 의료의 힘이, 아니 사랑의 힘이 이렇게 대단하다. 이종욱 박사가 100만 명의 환자들에게 준 것은 에이즈 치료제이기도 했지만, 동시에 그들 마음속에 있는 '이 좋은 뜻을 공유하고 싶은 의지'를 일깨워준 마음의 치료제이기도 했다. 이 이야기를 듣고 더 열심히 '굿 닥터 운동'을 외쳐야겠다고 다짐했다.

우선 나라는 사람이 '굿 닥터'가 되기 위해 할 수 있는 일은 무엇일까? 가장 먼저 명함에 개인 핸드폰 번호를 넣어 환자에게 주는 일이다. 그동안은 명함에 담당 의사의 개인 번호를 누락한 채 환자들에게 주었다. 환자가 밤낮으로 전화를 걸거나 불필요하게 개인적인 사항으로 연락해 올 것을 두려워한 조치였다. 그러나 개인 번호가 있으면 정말 필요한 순간에 담당 의사에게 연락해 바로 응급조치를 묻고 대응해나갈 수 있다. 이 일을 다른 의사들과 의논해 꼭 추진해보고 싶다.

두 번째는 이종욱 박사처럼 아프리카나 다른 오지를 쫓아다니며 무료로 환자를 돌보거나 수술을 해 줄 수는 없지만 전 세계 의사들이 그들을 치료하는 것을 돕는 일은 언제든 환영이다. 사람의 생명은 소중하며 이 일을 업으로 삼는 이들을 적극 도와야 한다는 게 나의 생각이다. 그럼으로써 '굿 닥터 운동'이 넓게 퍼져나갈 것이라 믿는다.

삼대가 먹고 살 수 있는 수술법을 공개하다

세 번째는 일본을 오가며 개발한 나만의 수술법을 무료로 공개하는 일이다.

우리 병원에서는 '거상치질수술'을 한다. 항문의 점막과 쿠션 조직을 대부분 살리고 점막 아래에서 치핵 조직만 절제한 뒤 밑으로 빠져 나온 치핵을 원래 있던 자리로 거상시켜 고정하는 수술법이다. 이 방법은 항문 수술 후 통증이 아주 미미하고, 대변이 새는 변실금 등의 부작용이 거의 발생하지 않는다.

과거에는 치핵 조직을 비정상 정맥류 조직으로 생각했으나 1975년 영국 의사 톰슨이 치핵 조직은 괄약근을 유지해주는 정상 조직인데 단지 항문 밖으로 빠진 것이라는 사실을 증명했다. 이 정상 조직을 우리는 지금까지 비정상 정맥류 조직으로 생각해 가능한 한 많은 항문 쿠션 조직을 제거해온 것이다. 그 결과 치핵 수술 후 대변이 일부 새거나 항문이 좁아지는 일이 발생했다. 그래서 나는 치핵 조직을 아주 조금만 절제하고 원래 자리로 거상시켜 빠지지 않게 하는 수술법을 개발해냈다.

이 수술법을 공개한다고 하자 반대 의견이 많았다.

"양 원장님, 이 좋은 수술법을 비밀로 지킨다면 삼대가 먹고 살 수 있는데 왜 공개하는 겁니까?"라는 질문을 여러 번 받았다. 그때마다 나는 "이 수술법은 하느님이 나에게 주신 선물이에요. 수술법을 공개해 우리나라 국민, 나아가 세계인들이 이 수술을 받으면 합병증이 생기지 않고 항문은 거의 정상으로 보존될 수 있죠. 그게 바로 나의 즐거움이에요"라고 말하곤 한다. 지금도 그 생각에는 변함이 없다.

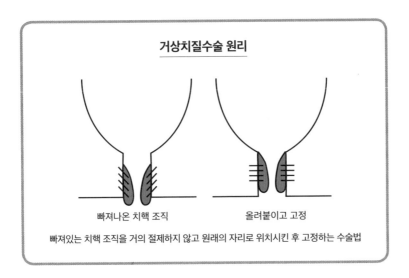

빠져있는 치핵 조직을 거의 절제하지 않고 원래의 자리로 위치시킨 후 고정하는 수술법

후츠파 정신은 함께 가는 힘이다

내가 입에 달고 사는 이스라엘의 후츠파 정신은 혼자서 북치고 장구치는 정신이 아니다. 당돌하게도 아랫사람이 윗사람과 토론하고 혁신적인 방법을 공개해 공유하는 것이 후츠파 정신의 핵심이다. 대표적인 인물로는 위키피디아Wikipedia의 창립자인 지미 웨일스Jimmy Wales가 있다. 그는 일찌감치 '지식이 공짜가 되는 사회'를 예견하며 쌍방향 백과

사전인 위키피디아를 인터넷상에 무료로 내놓았다. 쌍방향이라는 점에서 알 수 있듯 사용자라면 누구나 접속해 내용 편집이 가능하도록 만들었다. 그 결과 본래 내용보다 풍성해져 지금은 위키피디아를 따라올 제2의 추정 세력조차 없을 만큼 위키피디아는 독보적인 존재가 되었다.

또 위키피디아는 집단지성을 잘 이용한 예로도 꼽히는데, 집단지성이라는 개념을 창안한 래비P. Levy는 "모든 것을 아는 이는 없지만, 누구나 한 가지 정도는 알고 있다"라며 그 한 가지들이 모이면 커다란 인류의 지혜가 집대성되는 점을 간파했다.

내 수술법도 무료로 공개하면 나보다 뛰어난 누군가가 추가로 보완점을 내놓을 것이고, 그러면 나 혼자서는 생각하지 못한 수술법을 오히려 배울 수 있는 기회가 생길 수도 있다.

두 개의 연못이 닿으면 물이 마르지 않는다

내가 미국의 스프링거Springer 출판사에서 《Hemorrhoids》이라는 책을 출판하게 된 것도 이 수술법을 공개한 덕분이다. 영문으로 출판하기 전에 한국어 버전으로 먼저 출판하면서 수술 동영상을 DVD에 담아 책 뒤에 붙였는데, 미국학회 때 이 책과 동영상을 보신 미국 대장항문 외과의 대가 쿠친다니Khubchandani 교수가 그다음 학회날 부르셨다. 당시 미국 대장항문병학회 회장이었던 그는 "당신 책의 수술 동영상을 봤는데, 항문 조직을 보존하는 당신의 수술법이 아주 인상적이었습니다. 하지만 책의 그림은 볼 수 있으나 내용은 한글로 되어 있어 읽을 수가 없어요. 영문판으로 출판하면 어떨까요?"라며 조언을 해주셨다. 이를 계기로 미국에서 가장 좋은 출판사인 스프링거출판사에서 영어로 출판하게 되었다. 수술법을 공유하는 한글 책자를 만들지 않았더라면 이룰 수 없는 기회였다. 이뿐만이 아니다. 지금은 영문으로 된 책을 본 의사들이 세계 곳곳에서 연락을 해오고 있다. 중국학회, 아시아학회, 일본학회의 초청을 받아 강의했으며 재작년에는 러시아 모스크바대학이 주최한 학회에 초빙되어 강의를 했다. 내 수술을 참관하고 싶다며 메일을 보내는 의사들도 있다. 나는 기꺼이 '언제든 와서 참관하라'고 메일을 보냈고, 직접 참관하도록 안내했다. 이처럼 지금은 공유하는 데 초점을 두는 중이다.

경북 상주에서 2020년의 사자성어로 '이택상주麗澤相注'를 꼽았다는 기사를 보았다. 뜻을 찾아보니 '두 개의 맞닿은 연못이 서로 물을 대주면 마르지 않는다'라는 협업의 의미가 들어 있었다.

지식이든 경험이든, 아니면 물건이든 내가 가진 것과 다른 이가 가진 것을 합치면 판이 커지면서 더 많은 이들이 참여할 수 있는 무언가가 만들어진다. 혁신은 이러한 연결에서 창출되는 것으로, 내 능력으로는 꿈꿀 수 없는 판이 만들어진다. 그러니 자신이 가진 것에만 의미를 두지 말고, 다른 이들이 와서 같이 판을 벌일 수 있도록 공간을 마련해두자. 굿 닥터만이 아니라 굿 라이터든, 굿 티처든 우리 모두 충분히 자신이 가진 재능을 필요한 누군가와 나눌 자격과 권리가 있다.

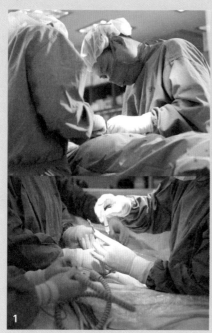

1 거상치질수술을 하는 중.
2 YAMA 코스에서 대장내시경 모델로 의사들에게 대장내시경을 가르치고 있다.

PART 03

AI에 맞는
근육을 키워라

i'm possible

하브루타 수업과
퍼스트 무버

'하브루타Havruta'라는 단어를 들어본 적이 있는가. 생각하고 토론하는 유대인의 수업이 하브루타 수업이다. 하브루타는 히브리어로 친구를 뜻하는 '하베르'에서 유래한 말로, 지적인 유대 관계가 '배움' 안에서 만들어진다. 두 명의 학생이 짝을 지어 서로 논쟁을 통해 진리를 찾아 가는 방식이다. 유대인들만의 교육법인데, 공부법이라기보다는 토론 놀이라고 보면 된다. 하나의 주제로 질문하고 토의하는 과정을 통해 스스로 생각하는 능력, 생각한 것을 명료하게 전달하는 능력을 키울 뿐 아니라 상대방의 의견을 경청하는 능력도 습득할 수 있다. 배움의 상호성이 하브루타의 본질이자 모든 것이다.

탈무드 내용 중에 '포도밭에 들어간 여우'가 있다. 촘촘하게 쳐진 울타리 때문에 포도를 따 먹지 못하는 여우는 사흘을 굶어 살을 뺀다. 겨우 울타리 사이로 들어가 배불리 포도를 따 먹은 여우는 불어난 몸집 때문에 결국 울타리에 갇힌다는 우화다. 유대인 아이들은 이 이야기를 가지고 토의를 진행하는데 이 과정에서 다양한 정보와 창의적 의견들이 총동원된다.

함께 배우면 지식이 배로 늘어난다

"엄마가 그러는데 포도를 들었을 때 알이 후드득 떨어지는 것은 오래된 거래. 여우가 오래된 포도를 먹었으면 배탈이 날 텐데, 어쩌지?"

"포도에 들어 있는 포도당이라는 성분이 뇌의 활성화를 돕는다고 하니까 여우는 반드시 머리를 써서 꾀를 낼 거야. 걱정 안 해도 돼."

이처럼 포도라는 과일 하나만 놓고도 다양한 의견들이 쏟아진다. 왜 유대인들이 '지적인 유대 관계'라고 말하는지 알 것 같다. 수업에 참여하는 아이들이 포도의 성분, 신선도 등에 대해 스스로 생각해서 말하는 것과 교사가 일방적으로 아이들에게 주입하는 것은 '학습 능력' 면에서 하늘과 땅 차이다.

스스로 생각하는 능력, 생각한 것을 전달하는 능력은 퍼스트 무버 First Mover가 지녀야 할 제1 덕목이다. 참고로 퍼스트 무버는 후츠파 정신만큼 자주 언급될 말이니 기억해두길 바란다. 선구자와 같은 의미다.

스티브 잡스가 아이폰을 만들어 앱스토어라는 생태계를 만든 것도 선구자의 한 예다. 삼성은 애플이 먼저 만든 제품에 '후속 기능'을 첨가한 뒤 스마트폰 시장에 뛰어들어 애플과 1, 2위를 다투고 있다. 전형적인 후발주자Fast Follower의 모습이다.

어디 이뿐인가. 1960년대 중후반, 국내에서 간질환의 명의로 꼽히는 김정용 서울의대 교수가 세계 최초로 B형간염 백신을 만들었다. B형간염을 예방하는 백신으로, 한마디로 노다지였다. 김정용 교수가 특허를 내고 싶다며 정부기관에 문의하자 다음과 같은 답이 돌아왔다.

"다른 나라에서 이런 선례가 없어 인증을 내드리지 못하겠습니다."

선례가 없다는 것은 세계 최초로 개발에 성공했다는 일임에도 우리 스스로 '스톱 버튼'을 눌러 버린 것이다. 이후 미국과 프랑스에서 B형간염 백신을 개발해 상용화에 성공하자 우리나라는 이 기준을 가지고 부랴부랴 세계에서 세 번째로 인증을 내주었다. 퍼스트 무버가 될 수 있었던 기회를 우리 스스로 발로 거둬 찬 뼈아픈 사건이다.

이스라엘이 물을 사용하는 3가지 방법

이런 우리와 달리 퍼스트 무버의 반열에 오른 나라가 이스라엘이다. 윤종록 교수의 《후츠파로 일어서라》라는 책을 감명 깊게 읽었다. 특히 이스라엘의 '담수 프로젝트'와 관련한 내용은 압권이다. 내용을 잠간 소개하면 이렇다.

이스라엘은 1년에 강수량이 400mL밖에 되지 않는 대표적인 물 부족 국가다. 그런데도 어떻게 생물이 살기 힘든 사막을 푸른 숲의 옥토로 바꿀 수 있었을까? 이는 이스라엘이 진행하는 세 가지 물 사업의 결과다. 물 부족 국가인 우리나라도 반드시 참조해야 할 대목이다.

물 사업을 소개하자면 그 첫 번째는 바닷물의 담수화 프로젝트다. 이스라엘은 바닷물을 민물로 만드는 담수화 연구에 목숨을 걸다시피 매진했다. 바닷물을 민물로 바꾸는 가장 손쉬운 방법은 바닷물을 끓였을 때 생긴 수증기를 냉각시키는 것으로, 물 1L를 얻기 위해서는 석유 2L가 소요된다. 물 1톤을 얻으려면 1,000달러의 비용이 든다. 여러 번의 연구 끝에 이스라엘은 역삼투압 방식을 개발해냈다. 이 방식을 활용하면 바닷물 1톤을 담수화하는 데 단 2달러밖에 들지 않는다. 이 기술로 세계 특허를 장악한 이스라엘은 지난 30년 동안 30조 이상의 로열티를 벌어들여 지중해 연안에 해수 담수화 공장을 설치할 자본을 확보했으며, 1년간 5억 톤의 민물을 생산해내고 있다.

두 번째는 하수의 재사용이다. 우리나라는 하수 재사용률이 15%에 불과한 반면 이스라엘은 70%다. 한국은 이스라엘에 비하면 1/5 수준이다. 우리나라는 화장실 물도 대개 수돗물을 사용하는데 사실 중수도로도 충분히 가능하다. 나는 흘려보내는 물을 받아서 화장실 물로 사용하는 중수도 활용을 실생활에서 실천하고 있다.

마지막은 기술을 통한 농업용수의 활용이다. 물 부족 국가인 이스라엘은 식물 뿌리에 '링겔'과 같은 파이프라인을 대지 않으면 어떠한 식물도 살지 못할 만큼 땅이 척박하다. 이를 보완하고자 히브리어로 물방울이란 뜻을 지닌 '네타핌Netafim'이라는 이름의 회사는 땅 밑으로 파이프라인을 깔아 식물 뿌리에 직접 물을 공급하는 기술을 개발했다. 이 기술은 물 이용 효율을 99% 상승시켰다. 물 공급 기술의 핵심은 드리플 기술로, 파이프라인에 구멍을 뚫어 물이 일정하게 나가도록 조절하는 시스템에 있다. 물에 압력을 가해 구멍으로 나가게 하면 압력이 가해지는 주위는 물이 잘 나가지만, 압력이 미치지 못하는 곳은 수압이 약해져 물이 잘 나가지 않는다. 이러한 단점을 컴퓨터를 이용한 제어 시스템으로 균일하게 나가도록 만들었고, 이를 이용해 이스라엘 사막을 울창한 삼림지대로 만들었다. 이 조절 시스템은 식물에 물 뿐만 아니라 비료, 영양제, 약품도 공급할 수 있다. 무엇보다 사람의 일손이 필요 없는 무인 스마트 농장을 가능케 한다. 러시아의 144헥타르ha에 달하는 세계 최대 규모의 유리온실에도 이 시스템을 깔았다. 이 기술을 이용하고자 친 중동이었던 아프리카 국가들은 친 이스라엘로 많이 바뀌었다. 기술 하나가 정치나 외교에도 영향을 미치는 예라 할 수 있다. 물 부족 국가인 우리나라도 얼마든지 이러한 기술을 개발하여 보급화할 수 있다.

이스라엘과 한반도는 아픔이 강점이다

유대인은 로마에 의해 나라를 잃은 후 중동과 유럽 등지에서 2천 년이나 뿔뿔이 흩어져 살았다. 그 와중에도 유대교의 규범과 생활 관습을 유지한 유대인들이 있었는데, 그들을 가리켜 '디아스포라Diaspora'라고 이야기한다. 허구한 날 재산을 빼앗기고 영토에서 쫓겨나다 보니 그들은 '뺏기지 못하는 것이 뭘까?'를 두고 고심했을 것이다. 왜 아니 그렇겠는가. 틈만 나면 몰수당하는데, 그래서 찾아낸 답이 교육이었다. 그 결과 현재 이스라엘 국민의 50%가 대졸자이며, 8%가 박사학위 소지자가 될 수 있었다.

어디에 있든 유대인의 정신적 지혜가 흐르도록 구성원의 내면 안에 학습능력을 심어놓은 배경에는 이같이 생존의 욕구가 놓여 있다. 우리나라와 뭔가 비슷하지 않은가. 이 부분이 나로 하여금 후츠파 정신에 관심을 갖게 만들었다. 우리 역시 아직도 세계 유일의 분단국가라는 아픔을 지닌 '물리적 영토의 결핍'을 안고 있다. 1876년 강화도조약부터 1910년 경술국치까지 약 120~130년 전, 세계열강이라는 맹수들은 대한민국이라는 먹잇감을 앞에 두고 싸웠다. 어디 이뿐인가. 2020년 현재 분단된 남북을 두고 미국, 중국, 일본, 러시아는 다시금 으르렁거리는 중이다. 대한민국이 강해져야 한다. 사방에 적으로 둘러싸인 이스라엘과 한국은 너무도 유사한 결핍과 아픔에 신음하고 있다.

결핍이 역동성을 갖게 한다는 점에서 이스라엘과 한국은 닮았지만, 양국의 방향은 사뭇 다른 것 같다. 우리는 왜 내로라하는 인재가 많음에도 이스라엘처럼 먼저 서브를 던지는 역할을 하지 못할까? 의미 있는 백신을 개발해 놓고도 인증 기준이 없다는 이유로 퇴짜를 놓고, 젊은 혈기의 청춘들이 공무원이 되기 위해 노량진학원에 몰려드는 나라로서는 치열한 국제 경쟁을 이겨내기 힘들다. 왜 이렇게 된 걸까? 어른들이 이런 사회를 만들었다고 생각할 수밖에 없다. 이제라도 청춘들을 위해, 퍼스트 무버를 만들기 위해 어떠한 역할이라도 해야 한다. 그런 다음 꼰대 짓을 하든, 잔소리를 하든 해야지 무조건 어른이랍시고 젊은이들을 향해 손가락질하는 것은 의미가 없다.

인문학 머리와
수학 머리의 전뇌인간

연세대학교에서 보건대학 최고위과정을 10여 년 전에 이수하고 2019년
서울대학교에서 바이오 최고경영자과정, 카이스트에서 뉴프런티어
4차 산업혁명과정을 연속해서 이수했다. 2020년 올해는 매일경제에
서 진행하는 빅데이터 인공지능 최고위과정을 이수 중이다. 주변에
서는 이제 그만하라고들 한다.

"은퇴할 나이에 뭘 자꾸 벌려. 이제 슬슬 골프나 치러 다니지."
"양 원장은 참 별종이야. 20대 청춘인 줄 아나 봐"라며 핀잔을 준다.

인생은 60부터 제2의 전성기다. 현대 경영학의 창시자로 불리는 피터 드러커Peter Ferdinand Drucker 역시 66세부터 86세까지 전성기를 맞이했다. 97세의 나이로 생을 마감한 그는 그 20년 동안 가장 많은 저작물을 출간하면서 세계적인 저자 반열에 이름을 올렸다. 그는 "계획은 즉각적으로 수행되지 않으면 그저 좋은 의도에 지나지 않는다"라며 지금 당장 도전에 나설 것을 피력하기도 했는데, 유대인인 그 역시 후츠파 정신을 지니고 있었다.

60세에 뭔가를 시작해도 90세가 되면 그 일에 대해 30년 차가 된다. 60대는 일을 벌일 시기이지, 결코 접을 시기가 아니다. 무엇보다 인생 경험이 쌓여 원숙미가 있는 나이다. 그런 우리가 목숨 걸고 도전하는 모습을 보여야 젊은 친구들에게 도전 정신에 대해 말할 자격이 생긴다.

5년 후 'AI 격차' 시대가 온다

'All or none.'

모든 것을 갖거나 모든 것을 내주는 시대. 5년 후면 그런 시대가 될 것이다.

향후 5년, AI(인공지능)는 영어 격차English Divide를 뛰어넘을 정도로 많은 것을 변화시키고, 그 차이는 국제 정치, 외교력, 자본가 순위, 사회적 신분 등 모든 것들을 재편할 것이다. 나는 이를 'AI 격차Artificial Intelligence Divide'라고 부른다. 인공지능이라는 열차에 탑승한 국가나 개인은 엄청난 부와 기회를 잡는 반면 탑승하기를 머뭇거리는 국가나 개인은 아무것도 얻지 못하게 된다. 그래서 AI 격차가 무서운 것이다.

카이스트 뉴프런티어 4차 산업혁명과정에 등록하기에 앞서 서울대에서 바이오 최고경영자과정을 수료했다. 이 두 수업을 듣기 전까지 나는 이세돌과 알파고가 바둑을 뒀다는 정도로만 인공지능을 이해했다. 이게 다였다. 이런 내가 강의실에 앉아 있으니 무슨 생각이 들었겠는가.

첫 수업부터 딥러닝Deep Learning(심층학습), ANNArtificial Neural Network(인공신경망), CNNConvolutional Neural Network(합성곱신경망) 등 죄다 모르는 용어들뿐이었다. CNN은 미국 뉴스전문채널로만 알았다. 그야말로 '여기는 어디인가? 나는 누구인가?'라는 생각만 들 만큼 멘탈 붕괴였다. 그런데 세 번 정도 강의를 들으니 용어에 익숙해지기 시작했다. 용어가 낯설지 않다는 것만으로도 괜찮다고 여기며 계속해서 수업을 들었다. AI, 4차 산업혁명이라고 하면 전문가들만의 영역이라고 생각해 겁을 먹거나 관심 대상에서 제외시키는데 누구나 세 번 정도 들으면 괜찮아진다. 오히려 흥미롭게 느껴진다. 유튜브에도 관련 강의가 많으니 찾아서 들어보고 생활화해야 한다. 60세가 넘은 나도 할 수 있으니 한창 나이인 청년들은 더 쉬울 것이다. 누구든지 AI에 대한 심리적 진입 장벽을 낮추고 도전해야 한다.

자원이 빈약할수록 AI가 답이다

2017년 세계 바둑 챔피언인 중국의 커제가 구글의 알파고에 3:0으로 완파 당한 뒤 분함을 참지 못하고 우는 모습이 전 세계로 중계되었다. 중국인은 물론 시진핑의 충격도 컸다. AI 후진국이던 중국은 AI 시대가 온 것을 직감하고, AI에 물불 가리지 않고 투자하기 시작했다. 그 결과 '중국의 실리콘밸리'로 불리는 중관춘의 AI 기업 수는 미국에 이어 두 번째로 많으며, AI 인재 또한 가장 많은 인재를 가진 미국을 바짝 뒤쫓고 있다. 여기에 비하면 지난 3~4년간 우리나라는 어떠한가. 2020년 1월이 되어서야 정부는 AI 산업을 대폭 지원하겠다고 밝혔다. AI 대학은 수도권에도 신증설을 허용할 것이며, AI 교수진들의 겸직도 허용하겠다고 발표했다. 조금 늦긴 했지만 지금이라도 진행되어 얼마나 다행인지 모른다.

사실 뒤늦은 정부 지원도 문제지만 더 큰 문제는 따로 있다. 바로 AI 정예 인력이 턱없이 부족한 점이다. AI를 교육할 강사진 구하기가 하늘의 별 따기다. 미국은 1만 2,000명, 중국은 2,500명인 데 비해 대한민국은 400명 정도다. 이 숫자로는 필요한 인력을 채우기에 역부족이다. 자원이 없는 우리나라는 AI에 진작 뛰어들었어야 했다는 아쉬움이 있지만, 마음만 먹으면 무섭게 달려들어 선두를 따라잡는 대한민국의 특성이 있어 앞으로 큰 기대를 걸고 싶다.

AI에게 대체되지 않으려면

인공신경망ANN이란 인간의 뇌 안에서 정보를 처리하는 신경망(뉴런) 경로를 흉내 낸 알고리즘을 의미한다. 바둑의 알파고를 연상하면 이해가 빠를 것이다.

인공지능이 이세돌과 바둑 경기를 한다고 치면, 이세돌과의 경기에서 발생할 수 있는 경우의 수를 검토하는 데 2초면 끝이 난다. 인공신경망 기능 덕이다. 인간이라면 2초가 아니라 2시간을 줘도 부족했을 것이다. 바둑의 수를 검토하는 능력은 '금융의 바둑'이라고 할 수 있는 주가 분석에도 그대로 적용할 수 있다. 실제 미국의 금융투자기업인 골드만삭스의 애널리스트 600명이 한 달간 분석해야 할 일을 AI는 단 3시간 30분 만에 마쳤다. 이제 분석은 인간이 인공지능에 백전백패하는 영역이 되었다. 골드만삭스는 2020년부터 인공지능이 데이터 분석을 하고, 자산관리 서비스를 해주는 로보어드바이저(로봇과 어드바이저의 합성어)를 도입한다고 발표했다. AI로 인해 애널리스트들이 설 곳을 잃기 시작했다.

애널리스트만 위험한 직업일까? 아니다. 의사 직군 내에서도 이미 AI가 판도를 바꿔놓고 있다. 고생은 고생대로 하면서도 의료수가가 낮아 지원 미달이던 외과로 학생들이 몰리는 반면 의사 중에서 현재 최고 고액 연봉자로 분류되는 영상의학과 분야에는 학생들이 지원하지 않는다. 영상의학이야말로 인공지능이 가장 잘 할 수 있는 범주에 들어오기 때문이다.

외과는 AI가 도입되기 훨씬 오래전부터 로봇 수술을 진행했다. 하지만 로봇이나 기계가 모든 수술을 할 수는 없다. 로봇이 알아서 수술하는 게 아니라 의사가 로봇을 조종하면 로봇 팔이 대신 수술하는 방식이다. 일종의 복강경 수술이다. 그래도 장기 안을 조심스럽게 다루어야 하는 수술은 인간이 직접 해야 한다.

어디 의사와 애널리스트뿐인가. 벌써 인공지능에게 빼앗기는 일자리 리스트가 인터넷상에 돌아다니고 있다. 마땅히 이런 위기의식에 준하는 대안 마련이 필요한 때다.

66

60세에 뭔가를 시작해도 90세가 되면

그 일에 대해 30년 차가 된다. 60대는 일을

벌일 시기이지, 결코 접을 시기가 아니다.

무엇보다 인생 경험이 쌓여 원숙미가 있는 나이다.

그런 우리가 목숨 걸고 도전하는 모습을 보여야

젊은 친구들에게 도전 정신에 대해

말할 자격이 생긴다.

AI 시대에 나를 지키는
두 가지 방법

우리는 어떻게 해야 AI 시대에서 살아남을 수 있을까? 'AI 격차'에서 살아남기 위한 선택은 단 두 가지다.

AI 관련 업종으로 탑승할 것이냐? 아니면 AI로 대체될 수 없는 분야에 탑승할 것이냐?

이지성 작가가 쓴 《에이트》라는 책을 보면 후자 쪽 내용을 담고 있다. 책의 부제가 '인공지능에게 대체되지 않는 나를 만드는 법'이라고 쓰여 있는 만큼 내용 역시 인문학적 여행, 철학, 경험, 디자인 등 아날로그와 인문학이 다수를 차지한다. 하버드대학교에서도 미술 강의가 제일 먼저 수강 신청이 마감된다고 한다. 이는 AI 시대에 인문학과 미술적 감각이 중요하다는 공통된 인식의 결과다. 나는 여기에 수학과 컴퓨터 공부를 추가하고 싶다. AI 분야로 진출할 사람이라면 이 두 과목은 필수다.

"지금은 인문학만 중요하게 보일 것이다. 왜냐하면 아직 4차 산업혁명이 허리까지 몰아닥친 것이 아니니까"라는 경고성 섞인 말을 자주 하는데, 부연을 하자면 이렇다. 지금은 4차 산업혁명 시대에 막 들어선 '초입의 시기'다. 대기업만 이 산업에 본격적으로 뛰어들었지 대다수의 기업은 이제 막 발걸음을 뗀 초보 수준에 불과하다.

　AI 전문 인력이 부족한 이유는 아직 AI로 먹고살 만한 산업 기반이 한국에서는 '메인화'되지 못했기 때문이다. 제조업 기반의 일자리들이 감소하고 있으나 그래도 잘 먹고 잘 사는 이들이 많다. 그런데 이제 곧 닥친다. AI 시대는 먼 미래가 아니라 지금 우리 앞에 성큼 와 있다. 한국이라는 나라의 현관 앞에 4차 산업혁명이 짊어지고 온 변화들이 한가득이다. '딩동'하고 초인종을 누를 날이 며칠 남지 않았다. 아마 개개인이 인공지능과 4차 산업혁명을 피부로 느낄 정도가 되면, 사회는 4차 산업혁명의 허리 정도까지 진입해 있을 것이다. 그때 가서 준비하면 늦다. 앞으로 3년이면 의료 분야에서 CT, MRI 등 X-선 판독은 AI 판독이 주류가 되고, 영상의학과 의사는 AI를 감독하는 역할 정도만 할 것이다. 'AI 대부'로 불리는 캐나다 토론토대학교의 제프리 힌튼 Geoffrey Hinton 교수는 이제 영상의학과는 레지던트를 뽑아선 안 된다고 경고했다.

　만약 현재 AI에 대체될 수 있는 직군의 종사자라면, 특히 이제 막 진로 설정을 해야 할 2030대라면 AI 관련 업종으로 넘어갈 준비를 해두자. 내가 추천하는 것은 수학 공부다. AI 시대에서 수학적 두뇌는 영어만큼 필수 자격 요건이 된다.

AI 시대를 리드하는 철학적 사고법

시대를 관통하는 진리를 세상에 내놓은 철학자일수록 수학자 출신이 많다. 오히려 수학자 출신이 아닌 이를 찾는 게 빠를 정도다.

　독일의 철학자 라이프니츠Leibniz는 수학자이자 자연과학자다. 철학자이며 '논리적 패러독스'라는 개념을 만들어 낸 영국의 철학자 버트런드 러셀Bertrand Russell은 수학자면서 논리학자로도 유명하다. 고대 그리스 철학자 피타고라스Pythagoras는 그 유명한 피타고라스 정리를 내놓은 수학자다. 프랑스 철학자 데카르트Rene Descartes 역시 수학자 출신으로 '데카르트 좌표'를 창안했다.

　데카르트 좌표는 1사분면부터 4사분면까지 있는 사각형 모형으로, 원고지처럼 가로세로로 교차한 줄이 쳐져 있다. 데카르트는 천장에 붙어 있는 파리를 보고 '저 파리의 위치를 어떻게 하면 정확하게 나타낼 수 있을까?'라는 생각이 들었고 이러한 호기심의 결과로 데카르트 좌표가 탄생됐다. 파리를 보고 저런 좌표를 만들어내는 힘. 이것이 생각의 힘이자 수학적 머리가 필요한 이유다. '나는 생각한다. 고로 존재한다'라는 명언이 괜히 만들어진 것이 아니다.

왜 뛰어난 철학자들은 수학이나 논리학을 전공했을까? 이 질문에 나름대로 답을 하자면 철학은 수학적 두뇌와 논리력에 바탕을 둔 인문 텍스트이기 때문이다.

삼단논법부터 형이상학까지 마음먹고 철학을 파고들면 만만한 학문이 아니라는 것을 알 수 있다. 치밀한 논리력을 요구해 책 한 장 넘기기도 만만치 않다. 수학이 숫자로 이루어진 논리적 학문이라면, 철학은 문자로 이루어진 논리적 학문이다.

갑자기 번뜩이는 아이디어가 생각났다고 하여 철학적 진리가 뚝딱 만들어지진 않는다. 도화지에 점 하나 찍는다고 명작이 되는 것이 아닌 것처럼 말이다. 이처럼 AI 시대에 필요한 인문학적 자질이란 논리력을 바탕으로 사람들의 삶을 획기적으로 개선시킬 아이디어를 창출하는 능력이다.

한쪽 뇌만 쓰면 '부분 인재'만 된다

AI 분야로 뛰어들 사람이라면 수학을 심도 있게 배워야 한다. 설령 그게 아니더라도 생존을 위해 '논리에 기반한 판단력과 통찰력'을 쌓는 데 힘을 기울여야 한다. 이를 다른 말로 정리하면 '수학이 필요하거나 혹은 수학적 머리가 필요하거나'로 둘 중 하나는 필요한 시대가 바로 AI 시대다.

"수학적 머리가 뭔가요?"라는 질문을 하는 이가 있을 것 같은데, 수학적 머리는 미적분을 푸는 머리를 말하는 것이 아니다. 수학을 필수로 해야 할 AI 전공자들에게 필요한 자질로, 수학적 머리는 논리력을 의미한다. 데카르트가 천장에 붙은 파리를 보고 좌표를 구상한 사고 알고리즘이라고 이해하면 된다.

조금 더 이해하기 쉽게 망치에 비유해보자. 망치를 구매하는 소비자는 '망치가 아니라 망치가 내는 구멍을 사는 것'이라는 말이 있다. 망치가 가져올 결과를 예측해 제품을 만들고 마케팅 기획을 하는 것을 창의력, 통찰력, 제안 능력이라고 한다. 다른 말로 '의제설정 능력'이라고도 하는데, 이 말은 커뮤니케이션 분야에서 주로 사용되는 말이다. 신문사에서 1면에 어떤 뉴스를 실을 것인지 결정하는 것을 두고 의제설정이라고 하는데, 이는 세상에 번뜩이는 아이템이나 제품을 선보이는 것 못지않게 중요하다.

의제는 되도록 많은 이들이 바라고 소망하는 것일수록 그 가격과 가치가 상승한다. 인종, 언어, 국경을 초월한 것일수록 좋다. 이 모든 것을 시뮬레이션해보고 실사화해보는 사고법. 그것이 바로 수학적 두뇌, 다른 말로 논리적 사고다. 물론 이 안에는 '소비자의 관심사가 무엇인지'를 파고드는 인문학적 머리도 요구된다. 즉, 좌뇌와 우뇌가 총동원되는 전뇌형 인재가 AI 시대에 적합한 인재상이다.

인간의 달 착륙과 같은 획기적인 기획이 있다고 해보자. 인간의 달 착륙은 국경은 물론 시대까지 초월하는 대단한 의제설정이다. 이런 의제를 떠올리는 것이 '인문학의 힘'이라면, 인간을 우주까지 데려다

놓는 기술을 구현하는 것은 '수학과 논리의 힘'이다.

　세상을 바꿔놓을 프로젝트의 '주어 설정'은 인문학 머리에서, 프로젝트를 현실적으로 구현하는 힘은 '수학적 머리'에서 나오는 만큼 둘 중 하나라도 확실히 해두어야 한다. '부분적이지만 그래도 필요한 인재'가 되거나 아니면 '둘 다 갖춘 전뇌형 인재'가 되어 AI 시대를 이끌 퍼스트 무버가 되었으면 좋겠다.

66

세상을 바꿔놓을 프로젝트의
'주어 설정'은 인문학 머리에서,
프로젝트를 현실적으로 구현하는 힘은
'수학적 머리'에서 나오는 만큼
둘 중 하나라도 확실히 해두어야 한다.
'부분적이지만 그래도 필요한 인재'가
되거나 아니면 '둘 다 갖춘
전뇌형 인재'가 되어 AI 시대를 이끌
퍼스트 무버가 되었으면 좋겠다.

AI 대학원대학 건립
프로젝트

양병원도 AI 시대에 맞게 변화를 도모할 계획이다. 앞으로 5년이다. 지금부터 계획을 세워 시작하지 않으면 정작 2025년이 되었을 땐 그 무엇도 시작할 수 없다. 우리 병원은 몇 년 전부터 이에 따른 준비를 밟아 왔으며, 이제는 본격적으로 그 돛을 올릴 차례다.

대표적인 프로젝트는 다음과 같이 세 가지다. 워낙 대형 프로젝트이다 보니 조금 변화가 있을 수는 있다. 허나 이 세 가지를 향후 양병원의 미래 먹거리로 삼는다는 큰 그림에는 변화가 없다.

· AI 대학원대학 건립

· 암 수술 후 회복병원과 힐링타운 건립

· 양 바이오 사업

먼저 AI 대학원대학 건립에 대해 이야기해보겠다.

인공지능이 인간의 지능이나 능력을 넘어서는 지점을 '싱귤래리티
Singularity'라고 부른다. '기술적 특이점'으로 직역되나, 그냥 쉽게 인공지
능이 인간의 두뇌보다 앞서는 시점이라고 정리해두면 된다. 학계에서
는 이 시점을 2045년 정도로 추산하는데 내 생각에는 그보다 훨씬 빨
리 도래할 것 같다.

피터 디아만디스Peter Diamandis는 실리콘밸리에서도 내로라하는 IT 기
업을 15곳 넘게 설립한 인물이다. 그는 26살 나이에 국제우주대학을
설립했다. 26살이면 내 아들보다도 어린 나이다.

그는 미국 나사NASA의 지원을 받아 실리콘밸리 소재 나사 캠퍼스
내에 창업 교육기관인 '싱귤래리티대학'을 건립했는데 이것이 내 관심
을 끌었다. 싱귤래리티대학은 일종의 창업대학으로 총 10주 과정으
로 운영된다. 인문학 교육, 현장 탐방, 창업 구상 크게 3단계로 이루어
져 있다. 4주는 경영, 철학, 역사를 가르치고 3주 동안은 실리콘밸리
의 업체들을 방문시킨 다음 3주간 자신이 어떤 기업을 만들고 싶은지
탐구한다. 학생들이 창업 아이템을 발표하는 날은 실리콘밸리의 업체
뿐만 아니라 투자자문 회사 등이 와서 듣는데 여기에서 잭팟 아이디
어가 봇물 터지듯이 나온다. 10주 과정이라 별것 아니라고 생각되는

가? 현대차나 아우디자동차 생산 가격의 10분의 1도 안 되는 비용으로 3D를 이용해서 제작 기간을 대폭 줄이고 자유자재로 모양을 낼 수 있는 자동차를 생산하는 기술이 이 과정의 학생들에게서 나왔다.

AI 인재 기근에 내가 대처하는 방식

얼마 전 싱귤래리티대학의 한국지사 대표인 황동호 씨와 만나 여러 이야기를 나누었다. 한국에서도 저런 발상을 하는 이들이 많아졌으면 하는 바람이 둘의 공통된 생각이었다. 창업대학이 곳곳에 많이 생겨나야 한다. 그래야 19세기에나 통하는 입시 위주의 교육방식에 매몰된 아이들의 창의성을 끄집어낼 수 있다.

"한국은 입시 위주의 교육이 문제예요. 아이들의 경쟁력을 매장시키니까요."

"하루 이틀 이야기가 아닌 걸요."

"하루 이틀이 100년, 200년 동안 지속되기 전에 손을 써야 해요."

"어떻게 손을 쓰겠다는 거죠?"

"나는 AI 대학원대학을 세우고 창업대학도 운영해보고 싶어요. 학교에서 가르쳐주지 않는 실질적인 것을 알려주는 그런 대학이죠."

"양 원장, 제발 그만 좀 해요. 무슨 수로 학교를 세워요?"라며 지인과 티격태격한 적이 엊그제 같은데 나는 벌써 그 계획에 몸을 담고 있다. 현재 나는 AI 교육시설과 기숙사를 짓기 위해 세부 계획을 세우고 있는 중이다. 학교의 형태는 대학원대학으로 학부 과정 없이 석사와 박사과정 같은 '대학원 과정'만 운영할 생각이다. 특정 분야의 전문 인력을 양성하는 것이 목적이다.

대학원대학이라고 하니 '사짜 아닌가?'라며 의심하는 분들이 있는데 안심해도 된다. 흔하지 않은 형태라서 그렇지 신학, 의학, 공학 분야에는 이런 형태의 대학원대학이 많다. 이 프로젝트에 붙인 이름이 'YANG AI 대학원대학 설립'이다. 올해부터 준비에 들어가 2021년부터는 본격적으로 인재를 양성할 계획이다.

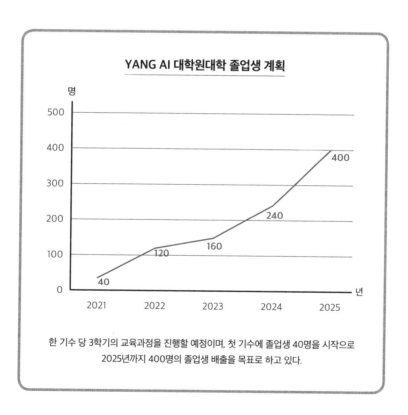

YANG AI 대학원대학 졸업생 계획

한 기수 당 3학기의 교육과정을 진행할 예정이며, 첫 기수에 졸업생 40명을 시작으로 2025년까지 400명의 졸업생 배출을 목표로 하고 있다.

물리적인 준비는 얼추 되어가는데 문제는 강사진이다. 국내에는 AI 분야의 인재풀이 전무하다시피 하여 대체 복무 중인 산업체 요원까지 계약을 마쳤다. 우리나라뿐만이 아니다. 전 세계적으로도 AI 과정을 지도할 만한 수준의 인력이 채 150명이 되지 않는다. 이 150명은 부르는 게 몸값이다. 미래를 선점하는 이들이 부의 미래를 독점한다고 볼 때 AI 전문가 그룹은 그중 최고가 될 전망이다. 미국에서도 AI 전문 인력이 부족해 눈에 불을 켜고 찾고 있다. 150명 중 한국인이 한 명이라도 있었다면 얼마나 좋을까. 우리는 AI 분야에서도 퍼스트 무버를 키워내지 못했다.

AI 인재를 키워 몇 년 내에 본격적으로 들이닥칠 AI 시대를 준비하는 일만큼, 미래 꿈나무를 키우는 일도 신경 써야 할 부분이다. 그래서 AI 대학원대학 옆에 동화마을과 디지털 동화카페 설립도 함께 구상 중이다. 아이들이 엄마 아빠와 양평에 놀러 왔다가 잠시 들렀을 때 디지털화시켜 놓은 명작을 보며 AI에 대한 친밀도를 높이자는 취지다. 음료 잔에서 꽃이 피고 잔의 위치를 바꿀 때마다 아름다운 그림이 투사되는 디지털 아트도 구현할 생각이다. '애, 어른 할 것 없이 인공지능을 가깝게 느끼게 할 방법이 없을까?'를 고민하던 중 어린 왕자를 모티브로 한 쁘띠프랑스를 본 후 동화마을로 방향을 잡았는데 수지타산이 맞을지 모르겠다. 그러나 도전하고자 한다. 어린 초등학생들이 AI를 쉽게 접하면서 AI가 별것 아니라는 것을 느끼게 하고 싶다.

환자의 조바심에서 출발한
AI 기술

미국 싱귤래리티대학의 커리큘럼을 보면 무려 4주 동안 인문학 교육을 한다. 왜 그들은 수업의 40%를 인문학 수업에 할애하는 걸까? 그리고 또 하나. 일본과 한국 간의 노벨상 스코어는 왜 좀처럼 좁혀지지 않을까? 이는 다 필연의 결과물로, 두 질문에 대한 답을 하자면 '사람에 대한 근본적인 관심의 차이'에 있다. 한국은 빨리빨리 문화 탓에 속도 면에서는 세계의 선두를 차지하지만 이로 인한 장점 못지않게 단점도 확실하다. 대표적인 것 중 하나가 타인에 대한 진심 어린 관심의 부족이다. 사람에서부터 문제를 풀지 못하면 세상의 어떠한 것도 변화시킬 수도, 동참할 수도 없다.

대장용종 결과를 그 자리에서 알 수 있는 AI 기술

사람에 대한 관심과 인공지능, 4차 산업혁명이 구체적으로 어떤 연관성이 있을까? 내 주변에서 예시를 찾자면, 일본 나고야대학의 모리 켄사쿠 교수가 주도한 '대장용종 즉시 판별 AI'를 들 수 있다.

대장내시경을 하고 난 뒤 의사가 용종을 제거했다며 조직검사 비용 등 추가 비용을 청구한 경험이 다들 있을 것이다. 용종은 암의 유무를 판단하는 조직으로 떼고 나면 반드시 조직검사를 통해 어떤 종류의 용종인지, 선종이라면 현재 일부가 암으로 변했는지 아닌지 그 여부를 확인해야 한다. 그런데 검사 후 최종 결과가 나오기까지 일주일 정도의 시일이 걸린다. 용종을 뗀 사람은 검사 결과가 나오는 일주일간 마음을 졸일 수밖에 없다.

모리 교수는 대장용종 분류법을 만든 세계적인 의사인 구도 교수를 비롯해 소화기내과, 대장항문외과 등 총 20명의 의사를 불러 모았다. 그런 다음 그들은 지금까지 떼어낸 대장용종 사진과 조직검사 결과를 컴퓨터에 입력한 뒤 AI 딥러닝을 이용해 대장용종을 떼고 나면 즉시 결과를 알 수 있는 시스템을 개발해냈다. 이제 환자들은 일주일간 마음을 졸일 필요가 없게 되었다. 그렇다면 정확도는 어느 정도일까. 병리의사의 조직검사 정확도는 94%, 모리 교수가 만든 AI 기술을 이용한 정확도는 93%다. 의사가 용종을 떼서 암인지 아닌지 판별하는 것과 기계가 판별하는 것의 차이는 단 1%에 불과하다. 물론 조직검사도 함께 시행해 안전을 기한다.

참고로 모리 교수는 의사가 아닌 AI 전문 공학박사다. 어쩌면 그가 직업적으로 용종을 떼고 치료하는 의사가 아니었기에 환자의 마음에 공감해 이 같은 기술 개발에 나섰는지도 모른다.

100만 년 후의 후손에게 전하는 메시지

독일은 새로운 고민을 하기 시작했다. 그 이야기를 듣고 나도 큰 충격에 빠졌는데, 그 이유는 우리나라도 고민해봐야 할 대목이기 때문이다. 독일은 100만 년 이상 보관해야 할 핵폐기물 처리를 두고 이 분야의 관련자는 물론 커뮤니케이션 전문가들과도 머리를 맞대고 있다.

'이곳은 핵폐기물 보관소입니다. 함부로 손대거나 망가뜨려서는 안 됩니다'라는 메시지를 100만 년 후의 자국민들이 이해하기 쉽게 언어화하기 위해서다.

앞으로 100만 년이다. 이 기간 동안 언어가 동일할 거라는 전제는 나중에 큰 재앙으로 이어질 수 있다는 것이 독일의 생각이다. 기성세대와 신세대가 사용하는 말이 달라 의사소통이 잘 안 되는 현상을 '언어 격차Language Divide'라고 이야기하는데, 21세기를 사는 우리와 100만 년 후의 세대가 의사소통이 안 되는 것은 불 보듯 뻔한 일이다. 독일은 벌써 이 문제를 준비해나가기 시작했다. 만약 이 문제를 해결할 방법을 누군가 찾는다면 그 지적 재산권료는 상상을 초월할 것이다.

미국 싱귤래리티대학 학장이며 최고 기업경영자인 피터 디아만디스는 자신의 저작물인 《볼드》에 '억만장자가 되기 위해서는 억만 명의 문제를 해결하는 기술을 개발하면 된다'라고 기술했다.

돈에 목적을 두는 것을 바라는 것은 아니나 간과할 수 없는 문제이기도 해서 한마디 거들면, 여러분이 그토록 갈망하는 돈을 벌기 위해서라도 사람에서부터 문제를 풀어내려는 노력을 소홀히 해서는 안 된다.

'자본주의는 돈이면 다 되는 세상'이라며 그토록 돈을 열망하면서 왜 정작 돈을 만들어주는 '사람'에 대해서는 점점 무관심해지는지 모르겠다. 이것이야말로 아이러니다.

돈을 벌기 위해서는 돈 자체에만 접근해서는 안 된다. 부자가 되고 싶으면 사람에 집중해서 사람과 돈을 비례 관계로 생각하는 습관부터 들여라. 이 둘을 함께 생각해야 억만장자가 되든 일만장자가 되든 부를 내 쪽으로 끌어올 수 있다.

66

돈을 벌기 위해서는

돈 자체에만 접근해서는 안 된다.

부자가 되고 싶으면 사람에 집중해서

사람과 돈을 비례 관계로 생각하는

습관부터 들여라.

이 둘을 함께 생각해야

억만장자가 되든 일만장자가 되든

부를 내 쪽으로 끌어올 수 있다.

내가 앞으로 할일들

한국인뿐만 아니라 전 지구인에게 영향을 주는 기술 개발은 '사람에 대한 아주 작은 관심'에서 비롯된다.

우리나라 국민 중 37%가 암에 걸린다. 3명 중 1명꼴이다. 암에 걸린 사람의 5년 생존율은 대략 70% 정도로 30%는 사망에 이른다. 이런 탓에 보통 암 진단을 받으면 대부분의 사람이 큰 충격을 받는다.

암 진단을 받으면 수술한 뒤 치료까지 하는 급성기병원(보통은 대학병원)을 찾고, 나중에 암이 재발하여 말기에 가까워지면 연명치료를 하는 만성기병원인 요양병원을 찾는다. 보통 대학병원은 병실이 부족하고 한 명이라도 더 수술을 해야 하는 탓에 수술 후 5~7일이 되면 환자가 더 입원해 있고 싶어도 강제로 퇴원시킨다. 아직 충분히 회복하지 못해 보행이 불편하고 수술창이 덜 치료된 경우라도 마찬가지다.

왜 한국에는 한곳도 없는 걸까?

암에 걸려 큰 수술을 받으면 적어도 3개월 정도의 회복 기간이 필요하다. 독일에서는 급성기병원에서 암 수술을 받은 후 4~12주 동안 치료받는 아급성기병원(암 수술 후 재활병원)이 60여 곳이나 있다. 이에 비해 우리나라는 암 요양병원은 있어도 '암 수술 후 회복병원'을 전문으로 표방한 곳은 아직 한곳도 없다. 돈이 되지 않기 때문이다. 대한민국 의료보험시스템상 단순 병실료 수입만으로는 운영이 되지 않는다. 비보험치료를 통해 적자분을 보충해야 하는 구조라고 생각하면 된다. 많은 의사가 이런 식의 운영을 원치 않기에 아급성기병원이 없는 것이다.

이러한 현실적인 이유로 우리나라는 아급성기병원이 한곳도 없다. 실제 대학병원에서 외과 수술을 받은 환자가 요양병원에서 치료받다 숨진 사례도 있다. 아마도 대장암 수술 후 이어놓은 장에 문합부 누출이 되어 복막염이 된 케이스로 사료된다. 이런 소식을 들으면 비록 내 환자가 아니어도 의사로서 자괴감이 든다. 충분히 살릴 수 있는 생명인데 방치한 죄책감에 밤잠을 이루지 못한 적도 있다. 그래서 암 수술 후 4주 동안 쉬어갈 아급성기병원을 세워 직접 운영해야겠다는 계획을 세우기 시작했다. 적자를 어떻게 메울 것인가는 운영을 하면서 답을 찾기로 하고 우선은 후츠파 정신으로 'GO' 하기로 결심했다. 경기도 양평군 서종면의 숲속에서 암 수술 후 회복병원을 시작할 계획이다. 더불어 이런 장르의 병원이 많이 생겨 환자들이 암 수술을 받은 후 편안히 쉬면서 치료받을 수 있었으면 좋겠다.

독일을 벤치마킹하다

앞서 말했듯이 독일에서는 이미 답을 찾아 나선 의료기관들이 많다. 암 수술을 받은 환자를 대상으로 4~12주 동안 암을 이겨낼 프로그램을 운영하는 병원이 독일에는 60여 곳이나 된다. '독일 프라이부르크대학병원'과 '독일 존넨베르크병원'이 대표적인 케이스. 두 곳 모두 통합의학적 암 재활전문병원이다. 특히 독일 프라이부르크대학병원은 암 환자가 겪는 부작용을 신속하게 치료하고, 인체 면역 다시 말해 스스로 암을 이겨낼 능력을 키우는 데 중점을 둔다. 나는 이런 병원이라면 대안이 될 수 있겠다고 생각해 암 수술 직후 한 달 동안 치료할 회복병원 건립을 추진 중이다.

이런 종류의 병원을 독일에선 '암 재활Oncologic Rehabilitation병원'이라고 부른다. 암 수술 후 충격받은 몸과 마음을 재활시킨다는 의미다. 미국에서는 '암 회복Oncologic Convalescence병원'이라고 부른다. 정확히는 암 수술 후 회복병원이 맞는 말이나 우리나라에서는 암이라는 단어를 못 쓰게 하니 '수술 후 회복병원'이라고 칭하려 한다.

아래 표는 독일의 통합의학적 암 치료법을 벤치마킹한다고 할 때 그중에서 가장 먼저 들여오고 싶은 '셀레늄 치료법'이다. 셀레늄은 항암효과가 높다. 특히 마늘, 양파, 브라질너트, 브로콜리 등에 함유되어 있는 유기셀레늄은 우리나라 사람들에게도 친숙한 영양 성분이지만 많이 먹으면 몸에 축적되어 좋지 않다. 마늘은 하루 세 개, 브라질너트는 하루 1~2개가 적당하다. 반면 무기셀레늄은 많이 투여해도 넘치는 양은 배설되어 인체에 해가 없다.

표 1_ 독일 통합의학적 암 치료 프로그램 시 무기셀레늄 투여량

무기셀레늄 투여량		
암 진단 시	수술/화학요법/방사선 치료 시	회복기 치료 시
500μg/일	1000μg/일	200μg/일

* 독일 종양학회 제시

표 1은 독일 통합의학적 암 치료 프로그램 시 무기셀레늄의 투여량을 나타낸 것이고, 표 2는 무기셀레늄을 투여했을 때 면역 기능이 얼마나 강화되는지 대조군과 비교한 그래프다. 무기셀레늄 200μg을 8주간 매일 투여하면 환자의 면역 방어 수준이 현저히 증가되는 것은 물론 암의 재발률이 40%나 감소한다. 종양 괴사율은 10배 가까이 높아진다. 이러한 치료를 하지 않고 수술이 끝났다고 하여 환자를 집이나 요양병원으로 그냥 보내는 것은 옳지 않다. 이는 의사들이 환자나 보호자들에게 제안해야 할 의제다. 환자를 무조건 쉬게 하는 것이 다가 아니다. 그래서 내가 운영할 암 수술 후 회복병원은 인체의 면역학적,

내분비학적, 신경학적, 혈액학적 등 모든 대사 기능을 회복시키고 나아가 암 수술 후 부작용을 줄이며, 인체의 생리 기능을 정상 수준으로 회복시키는 것을 목적으로 둘 계획이다.

표 2_ 무기셀레늄과 대조군의 투여량 대비 면역 기능 효과

환자를 지키는 것에서 살리는 병원으로

기존 요양병원이 환자를 지키기만 하는 수동적 형태로 운영됐다면 내가 목표로 하는 암 수술 후 회복병원은 완치를 목적으로 하는 적극적인 형태의 병원이다. 가족에게 짐이 될까 봐 선택하는 것이 아니라 치료받기 위해 진심으로 가고 싶은 병원, 보호자들 역시 환자의 완치를 위해 가벼운 마음으로 보낼 수 있는 암 수술 후 회복병원이다. 이러한

구상은 환자들의 삶의 질을 고민하지 않았다면 독일에 60곳이 있든 600곳이 있든 관심을 갖지 않았을 것이다. 물론 나는 오랜 시간 병원 밥을 먹어온 사람인지라 자연스럽게 파고들 수 있던 부분이었다. 이런 고민을 내가 아닌 타 직업군의 누군가가 같이 고민하고 발견해주기를 기대한다. 그것은 환자의 인권과 가족의 마음을 헤아릴 또 한 명의 인재가 있다는 뜻이 될 테니까.

AI 분야에 종사할 인재들은 이런 '인권의 틈', '삶의 질 개선점'을 발견해내는 안목을 갖춰야 한다. 휴머니즘에 기반한 삶의 질, 인권의 틈을 발견하는 안목을 갖추지 못하면 4차 산업혁명이 아니라 5차 산업혁명이 와도 코딩만 하는 기계로 머물게 된다. 아무리 로봇과 인공지능, 사물 인터넷 등 최첨단 시대에 산다고 해도 가내수공업 시절부터 있던 하청 인력은 존재하기 마련이다. 이러한 인력에 머물기보다 젊은 청년들이 의제를 던져 해결하는 선두그룹이 되길 바란다.

마음의 면역력을 높이는
힐링타운

일상생활로의 복귀를 목적으로 하는 회복(요양)병원을 추진하는 이유는 의학적으로 절실하기 때문이다.

암 수술 이후 완치 판정을 받는 사람이 있는 반면 암이 재발하거나 전이되는 사람들도 있다. 암 수술 이후 다른 장기로 전이된 환자의 경우 처음 암 수술을 받기 전부터 암세포들이 미미하게 전이 장소에 있었을 확률이 높다. 암 크기는 직경 10cm가 되어야 포착 가능한데, 단지 그때는 진단검사나 의료진의 눈에 포착되지 않을 만큼 작아서 발견되지 못한 것뿐이다.

그런데 몸에 칼을 대면 전이암이 빨리 번지는 특성이 있다. 원래의

암을 제거하면 전이된 암세포들이 물 만난 물고기처럼 자라나는 환경
이 조성된다. 원래 암에서 전이암을 억제하는 물질이 분비되는데 이
게 사라지기 때문이다. 그래서 전이암이 있는 경우 곧바로 수술하지
않고 항암치료를 먼저 한다. 보통 4사이클 정도 항암치료를 하여 암
세포의 크기를 절반 정도로 줄여놓고 나서 수술을 한다. 수술하고 2
주가 지나면 다시 2차 항암치료를 진행한다. 가족 중 암 환자가 있다
면 이 사이클에 대해 알고 있을 것이다.

　이처럼 의학적인 이유로 '수술이 잘 됐으니 끝났다'가 아니라 그때
부터 육체적, 정신적 건강 관리가 중요해지는 것이다. 이를 치료해 줄
수 있는 의료기관이 생겨야 환자의 완치율이 향상되고 재발율이 떨어
진다.

독일의 크나이프 마을

독일 뮌헨의 바트뵈리스호펜에 가면 크나이프 마을이 있다. 1850년
도 경, 말기 폐결핵에 걸린 세바스티안 크나이프F.S. Kneipp라는 신부님이
있었다. 그는 태아 시절 어머니 뱃속의 양수에서 지냈으니 다시 물로
돌아가면 좋아질 거라 생각해 물이 맑은 곳으로 유명한 독일 남부의
작은 온천 마을(현 크나이프 마을)을 찾았다. 그리고 그곳에서 수水치료
를 하기 시작했다. 마침 근처에 허브 농장이 있어 그곳에 있던 허브를
넣고 목욕을 하며 면역력을 높였고, 결국 그때로서는 불치의 말기 폐
결핵을 완치시켰다. 이 방식이 오늘날까지 전해져 내려오고 있다. 크

나이프 마을은 '수 치료 테라피'까지 만들어 한 해에 100만 명 가까운 이들이 찾는 명소가 되었다.

특히 이곳은 방문객 한 명, 한 명과 정성을 다해 인터뷰한다. 이곳을 찾은 이유를 물으면 '쉬고 싶어서', '가족과 시간을 보내고 싶어서', '공황장애 때문에' 등 다양한 대답을 하는데 나는 이점에 착안해 '암 수술 후 회복병원' 건립과 더불어 '힐링타운' 건립도 계획하고 있다. 스스로 생각해도 할 일이 너무 많다. 그래도 뭐든 할 때 세게 해놓아야 무언가를 얻을 수 있기에 차근차근 진행해나갈 계획이다.

이제 막 암 수술을 마친 환자일수록 정신 건강이 매우 중요하다. 신체 면역력이 급격히 떨어진 상태에서 정신적 스트레스까지 더해지면 전이된 암세포가 활성화될 뿐 아니라 살고자 하는 의지에도 악영향을 미칠 수 있기 때문이다.

내가 후배 의사들에게 늘 강조하는 말이 있다. "환자들이 수술을 받는다고 해서 꼭 살고자 하는 의지가 강한 것은 아니다. 이 둘은 별개일 수 있다. 환자가 생의 의지를 붙들 수 있도록 마지막까지 신경 써야 한다." 몸에 암이 생겨 수술을 받긴 했지만, 가족의 성화로 수술을 받은 이들이 생각보다 많다. 나를 붙잡고 "왜 수명을 연장시켜 더 살게 하느냐? 이렇게 사는 게 무슨 의미가 있느냐?"라고 이야기하는 할머니, 할아버지들이 꽤 있다. 자기는 이제 그만 가고 싶다는 것이다. 참으로 안타까운 일이다.

말 그대로 '자의自意가 아닌 타의他意'에 의해 수술받는 환자들에게는 살아야만 하는 이유와 살아서 경험해보고 싶은 것을 보여주는 일은 중요하다. 이런 것들은 주변에서 제공해주어야 하는데, 이게 쉽지 않다. '집에 환자 한 명이 있으면 나머지 가족도 병이 난다'라는 말이 있을 정도로 가족도 심신이 힘든 상태가 되기 때문에 이 부분까지 신경 써주길 부탁하는 일은 무리가 따른다. 그래서 힐링타운을 지어 환자와 가족 모두 힐링이 되는 공간을 마련해주고 싶다.

독일의 크나이프 마을과 비슷한 곳이 한국에도 몇 곳 있다. 이시형 박사의 '홍천 선마을'과 이상구 박사의 '설악산 입구 뉴스타트센터'가 대표적이다. 이상구 박사는 "먹는 음식보다 마음가짐이 중요하다"라고 강조한다. 우리가 음식을 먹는다고 하지만 마음 역시 '먹는다'라는 동사를 쓴다. 이 점을 깊이 생각해봐야 한다.

갑자기 심장병에 걸린 것처럼 식은땀이 흐르고 심장 부위가 아파서 병원을 찾았을 때 아무 이상이 없다고 하는 사람들은 거의 공황장애 판정을 받는다. 마음을 잘 먹기 위해서는 내 노력만큼이나 주변 환경도 중요한데, 한국인들에게 노출된 환경은 경쟁과 피로를 부르는 것투성이다. 앞으로도 이런 현대인이 많아지면 많아졌지 결코 줄지는 않을 것이다.

양 바이오 사업

암 수술 후 회복병원과 힐링타운 건립 못지않게 해보고 싶은 일은 바로 '양 바이오 사업'이다. 이제 와 고백하자면, 애초에 카이스트 수업을 들은 것은 4차 산업혁명이나 인공지능을 배울 목적이 아니었다. 서울대 바이오 최고경영자과정을 들을 때부터 염두에 둔 것이 '바이오 사업'이었고, 이는 의사라는 내 정체성과도 잘 부합되는 분야라고 생각했다. 무엇보다 내 딴에는 꼭 만들고 싶은 의료 제품이 있는데, 바로 '자석식 장루 괄약 마개'다.

직장암이나 궤양성 대장염 등에 걸린 환자들은 수술 직후 일시적 혹은 영구적으로 인공항문인 장루주머니를 배 옆에 착용해야 하는 경우가 많다. 장루주머니는 비닐 백처럼 생긴 것으로 환자의 용변을 담아내는 기능을 하는데 하루 종일 착용하다 보니 불편하기 짝이 없다. 이 불편함을 해결하기 위해 장루의 입구 부분에 자석을 이용한 마개를 장착해 비닐백이 필요 없도록 딱 붙게 만드는 기술을 개발하려고 카이스트의 문을 두드렸다. 막상 강의는 4차 산업혁명과 관련한 수업을 들었지만, 훗날 반드시 '자석식 장루 괄약 마개'를 개발해 환자들에게 보급할 계획이다. 뿐만 아니라 나의 아이디어를 공개해 기술 개발을 완성한 뒤 이 기술을 영리에 이용하지 않고, 인류를 위해 무료나 저렴하게 이용할 수 있도록 하고 싶다.

의료 바이오 목적으로 학교의 문을 두드렸다가 인공지능 분야로 살짝 빠졌지만, 그렇다고 바이오 사업에 대한 꿈을 정지시킨 것은 아니다. 이 사업을 총괄할 담당자를 찾아 그와 함께 사업을 구상해나가고 있다. 그중에서도 유해균은 줄이고, 유익균을 증가시키는 유산균 사업을 우선 계획하고 있다. 이는 그냥 유산균을 사는 시대에서 자신에게 필요한 유산균을 처방받아 먹는 시대를 여는 것이다. 이외에도 여러 카테고리로 양 바이오 사업을 준비하고 있다.

내가 계획 중인 바이오 사업들

양 바이오 사업	
건강 기능성 식품 (쾌변, 변비)	생유산균, 식이섬유, 바이오틱스, 다이어트, 선식, 생식(양배추), 헬리코박터균, 비피더스균, 건강식품, 영양제, 양배추 환
뷰티 산업	마스크 팩
의료기기	소형 의료기기 및 소모품 사업(대리점 등)

양 바이오에서 하는 일

1. 장의 유익균, 유해균 구별과 분변 뱅크 대장에는 100조 이상의 미생물과 약 1.5kg의 미생물이 살고 있다. 이 마이크로바이옴을 분석하면 비만과 마른 체질의 구별이 가능하고 향후 염증성 장질환, 대장암, 과민성 대장의 발생 확률을 예측할 수 있다. 양병원은 장에 있는 미생물의 불균형이 심할 경우 분변 미생물 이식을 할 수 있게 분변 뱅크도 시도할 계획이다.

2. 유산균 개발 장에서 좋은 역할을 하는 유산균은 먹었을 때 대장까지 도달해서 살아남을 확률이 10% 정도 된다. 요즈음은 유산균의 먹이가 되는 프리바이오틱스를 같이 넣는데, 유산균은 프로바이오틱스의 일종이고 같이 섞은 것을 신바이오틱스라고 부른다. 그래서 각자 몸에 필요한 유산균을 처방받아 먹을 수 있도록 개발 중이다.

3. 낫또 판매 발효식품은 유산균을 많이 함유하고 있다. 발효와 부패의 차이는 미생물에 의해 좋은 방향으로 변했느냐, 나쁜 방향으로 변했느냐에 달렸다. 보통 발효가 잘 되려면 유산균의 먹이가 되는 프리바이오틱스가 공존해야 한다. 대개 발효식품은 유산균의 먹이가 되는 섬유소가 많거나 또는 단백질이 많은 경우다. 이에 해당되는 식품에는 낫또, 청국장, 취두부(중국 사람이 주로 먹는 두부를 발효시킨 것), 삭힌 홍어 등이 있다. 이중 낫또를 먹기 쉽게 개발하고 있다.

4. 건조야채 분말 개발 섬유소는 대장에 살고 있는 미생물의 먹이가 된다. 섬유소가 부족하면 대장에 코팅되어 있는 점막코트를 미생물이 갉아먹어 궤양성 대장염, 용종, 대장암 등의 질환이 많이 발생한다. WHO의 일일 권장 섬유소 섭취량은 25~30g인데, 한국인은 하루 평균 17g을 먹는다. 보통 채소의 수분 함량은 70% 이상인데 동결 건조시켜 수분의 함량을 3~4%로 낮춘 채소 여러 종을 섞은 제품을 개발할 예정이다. 특히 비타민C, 미네랄, 셀레늄 같은 항산화제, 철분, 칼슘에 많이 함유된 7가지 채소를 선택하려고 한다.

5. 섬유소 개발 변비가 많은 사람들은 섬유소를 섭취하면 도움이 된다. 그래서 차전자피(질경이씨 껍질)를 사서 먹는 경우가 많은데, 가루로 된 차전자피는 입안에 달라 붙어 먹기 불편하다. 이를 보완하기 위해 먹기 좋은 제품을 개발하여 편하게 섭취할 수 있도록 할 예정이다.

6. 건강 서적 판매 한국인은 34.8%가 비만이고 특히 남성의 42.3%가 비만이다. 비만이 건강을 해친다는 것은 세상이 다 안다. 그래서 나는 비만을 이 사회에서 없애기 위해 《누구나 10kg 빠진다! 하루 두 끼 다이어트》 책을 집필했다. 이외에도 암 환자에 좋은 식사법, 위암·대장암·유방암 등 각종 암 환자, 간경화, 당뇨, 고혈압에 도움을 줄 수 있는 건강 관리 책을 집필할 예정이다.

다시 시작하자,
'1인치'만큼만 생각을 바꾸자

얼마 전, 영화 〈기생충〉이 아카데미 시상식에서 4개 부문을 휩쓸면서 세상을 놀라게 했다. 참으로 기분 좋은 소식이 아닐 수 없다. 새로운 역사를 이룬 봉준호 감독도 지독한 고생을 했다는 이야기를 접하고 많은 생각을 했다. 그런 고난이 있었기에 세계의 모든 사람이 공감할 수 있는 콘텐츠가 우러나오는 것이리라. 그가 수상소감에서 이런 말을 했다.

"자막이라는 1인치의 장벽을 넘으면 많은 영화를 즐길 수 있어요."

이는 자막이 있는 외국 영화들은 수상하기 어렵다는 편견을 깨고 언어의 장벽을 뛰어넘는 '1인치'의 기적을 만들어냈다는 말이다. 결국 '1인치' 정도의 작은 차이가 세상을 바꾼다는 의미가 된다.

영화뿐만이 아니다. 우리의 인생도 따지고 보면 2~3%의 아주 작은 차이로 성공과 실패가 판가름 난다. 꿈을 이루고 못 이루고의 차이도 결국은 '1인치'밖에 안 되는 작은 발상의 차이에서 비롯된다.

이 책을 읽으면 내가 꿈을 이루기 위해 얼마나 치열하게 살아왔는지, 무모해 보이는데 왜 그렇게 도전하는지, 그리고 얼마나 큰 꿈을 꾸고 있는지 엿볼 수 있을 것이다. 물론 그 모든 것을 다 이루지 못할지도 모른다. 그러나 그것들의 80%만 이루어내도 작은 꿈을 꾸거나 혹은 꿈조차 없는 사람보다 큰 것을 성취하고 그만큼 더 보람된 인생을 일굴 수 있다고 확신한다.

나는 새벽 3시면 잠자리에서 일어나 책을 읽고 글을 쓰고 사색하며 하루를 시작한다. 어떤 개그맨은 "일찍 일어나는 새가 피곤하다"라고 코믹하게 표현했지만, 피곤하지 않고 과연 무엇을 이루겠는가. 노력하지 않고 어떻게 꿈을 이루겠는가. 세상에 쉽게 해서 이룰 수 있는 게 무엇이 있을까?

아무쪼록 이 책에 옮긴 나의 이야기와 생각이 여러분의 생각을 '1인치' 정도 바꾸는 계기가 되었으면 한다. 그것이 곧 삶을 성공으로 바꾸는 결정적 차이가 될 테니 말이다.

마지막으로 한국의 청년들이 마음껏 도전에 나설 수 있도록 이 시대의 어른들이 고심해야 할 몇 가지 사안에 대해 밝히고자 한다.

- 이스라엘처럼 청년들의 창업을 도와야 한다.

- 과학을 국가적으로 육성해야 한다. 10년 내 과학 계통 노벨상인

생리의학상, 화학상 등을 적어도 1명 이상 수상하고 수학의 노벨상인 필즈상, 건축의 노벨상인 프리츠커상의 수상자도 나오길 기대한다.

• 현재 우리나라의 4차 산업은 미국, 유럽, 일본 등 선진국뿐 아니라 중국에 비해서도 한참 뒤처져 있다. 2차 산업혁명은 영국을 중심으로 유럽에서 시작되어 그들을 지금과 같은 선진국으로 만들었다. AI 등 4차 산업혁명도 앞으로 5년 이내에 각 국가의 위상을 확 바꿀 것이다. 우리는 이미 벌어진 격차를 서둘러 따라잡아야 하고, 끝내는 그들보다 앞서 나가야 한다.

• 교육 시스템 전체를 바꾸어야 한다. 현재 우리나라의 공교육은 무너져 있다. 사교육에 의존하다 보니 학생들은 너무 기진맥진하여 정작 대학교에 가면 공부에 힘을 쓰지 못한다. 공교육을 살려야 학생들이 힘을 낼 수 있고, 가정 형편이 좋지 못한 학생들도 좋은 대학에 진학할 수 있다. 현재의 하향 평준화 정책을 버리고, 능력에 맞춰 우수한 학생에게는 수준 높은 수업, 반대로 구구단도 못 외고 한글도 완벽하게 구사하지 못하는 학생은 그에 맞게 공부시켜야 한다. 특히 수포자(수학을 포기한 자)는 개별적으로 기초부터 가르쳐서 수포자를 수가자(수학 가능한 자)로 만드는 것이 중요하다. 대학 입시도 과거처럼 90% 이상 정시모집이었으면 한다.

• 영어 회화를 강화해야 한다. 우리는 부존자원이 부족하여 수출

등 무역을 활발히 해야 국민의 생활 수준이 높아질 수 있다. 그러려면 싱가포르와 네덜란드처럼 국민 누구나 외국인과 의사소통을 원활히 할 수 있어야 한다. 이를 위해 영어를 한글로 해석하는 교육이 아닌 한글을 영어로 표현하는 데 교육의 방점을 찍어야 한다. 즉 영작, 영어문장 암송을 강화해야 한다. 공영방송 등에서 영어로 방송을 하면 도움이 될 것이다.

• 국민 건강을 위해 생활체육을 강화해야 한다. 공원, 하천변, 뒷산 등에 쉼터, 벤치, 음수대 등 생활체육 편의시설을 갖춰 가까운 곳에서 운동을 쉽게 할 수 있도록 한다. 학교시설을 이용해 스포츠클럽을 많이 만들어 축구, 농구, 배구, 야구 등 다양한 활동을 하도록 돕는다.

• 엘리트 체육도 강화했으면 한다. 생체 분석 센서를 이용해 과학 스포츠를 해야 한다. 2014년 브라질 월드컵에서 우승한 독일은 선수들에게 센서를 부착해 감독, 코치들이 선수들의 상태를 실시간으로 파악하고 그에 맞는 전술을 펼쳐 결국 우승을 거머쥐었다.

• 축구 육성을 위해 축구의 본거지 유럽에 전용 축구장과 숙소를 만들어 국가대표팀, 프로팀, 학생팀이 유럽 축구를 쉽게 접하게 한다.

• 미술, 음악 등도 지원한다. 국민들이 취미 생활을 하는 것도 중요하다. 세계 미술의 중심지는 미국의 뉴욕이지만, 영국의 마거릿 대처 수

상은 미술을 지원해 런던이 미술계에서 중요한 지역이 되도록 만들었다. 그 결과 데미안 허스트의 작품은 세계에서 값비싼 작품이 되었다.

• 정치 시스템을 바꿔야 한다. 대통령제는 대통령이 막강한 권력을 갖다 보니 자리에서 물러난 후 대부분 감옥에 수감되거나 자살, 암살 등 불행한 삶을 산다. 나는 대통령제보다 수상제가 좋다고 생각한다. 임기 도중에도 문제가 있다면 바꿀 수 있는 제도, 장관 등을 거쳐 훈련된 상태로 취임하는 제도가 도입되어야 시행착오가 적다.

무엇보다 대통령을 감옥에 보내는 일이 없고, 매일 여당과 야당이 사생결단으로 싸우는 시스템도 바뀌었으면 좋겠다. 지금의 정치는 50년 전 임진왜란에 일본의 풍산수길을 만나고 온 김성일, 황윤길과 무엇이 다른가. 정치 시스템을 바꿔 정치인도 행복하고 국민도 행복해야 한다.

내 주제에 넘치게 많은 제안을 했지만, 우리 대한민국이 행복하게 사는 나라가 되길 기원한다. 또 이스라엘 총리와 대통령을 지내면서 국민을 위해 헌신하고, 퇴임 후에도 청년들의 창업을 지원한 시몬 페레스 같은 정치인이 나오길 기대한다.

본의 아니게 책 내용으로 상처를 입은 분이 있다면 양해를 구한다.